Possehl, Meyer-Grashorn · Trust Yourself!

Trust Yourself!

Wie Sie Ihre Intuition für Entscheidungen nutzen

Gianna Possehl
Anke Meyer-Grashorn

Haufe Mediengruppe
Freiburg · Berlin · München

Bibliographische Information Der Deutschen Bibliothek

Die Deutsche Bibliothek verzeichnet diese Publikation in der Deutschen Nationalbibliographie; detaillierte bibliographische Daten sind im Internet über http://dnb.ddb.de abrufbar.

ISBN: 978-3-448-08719-2 Bestell-Nr. 00131-0001

1. Auflage 2008

Niederlassung München
Redaktionsanschrift: Postfach, 82142 Planegg/München
Hausanschrift: Fraunhoferstraße 5, 82152 Planegg/München
Telefon: (0 89) 8 95 17-0,
Telefax: (0 89) 8 95 17-2 90
www.haufe.de
online@haufe.de
Produktmanagement: Bettina Noé

Gesamtbetreuung, Lektorat und Desktop-Publishing:
Ariadne-Buch, Christine Proske, München
Redaktion und Desktop-Publishing: Ralf Lay
Umschlag: Grafikhaus, 80469 München
Druck: Schätzl-Druck GmbH, 86609 Donauwörth

Zur Herstellung dieses Buches wurde alterungsbeständiges Papier verwendet.

Inhalt

Vorwort

Wer uns in den letzten Monaten vor Erscheinen dieses Buches fragte, womit wir uns gerade beschäftigen, dem haben wir geantwortet: „Wir schreiben ein Trainingsbuch zum Thema ‚Intuition'." Darauf spaltete sich unser Freundeskreis in zwei Lager: Die einen fanden das „irre spannend" und wollten unbedingt mehr über dieses Thema erfahren. Die anderen fanden es ein wenig absurd. „Was schreibt ihr denn da? Ihr braucht doch nur den einen Satz: ‚Hören Sie einfach auf Ihren Bauch', gebt dann zirka 17.160-mal die Befehle ‚copy & paste' ein und das Buch ist fertig." Sie haben nicht ganz unrecht, unsere Freunde. „Hören Sie doch einfach auf Ihren Bauch" ist sicher eine Kernbotschaft, die sich wie ein roter Faden durch das Buch zieht.

Wie sich bei genauerem Nachfragen herausstellte, hielten einige unserer Freunde Intuition auch für etwas so Selbstverständliches, dass sie keinen Sinn darin sahen, ein Buch darüber zu schreiben: Intuitiv sei man, und zwar schon immer, automatisch sozusagen. An dieser Aussage ist sicherlich etwas Wahres dran, doch wir gaben zu bedenken, dass das Atmen auch etwas sei, was man „automatisch" mache. Trotzdem gibt es hierzu reichlich Publikationen in allen möglichen Varianten – mit CD, ohne CD, als Hardcover oder Taschenbuch, reich bebildert oder textlastig. Und aus diesen Büchern können wir jede Menge Neues erfahren: zum Beispiel, wie man effektiver atmet und seinen Körper (und sein Gehirn) besser mit Sauerstoff versorgt, wie man das Atmen als Werkzeug nutzen kann, etwa bei Präsentationen, um der eigenen Stimme einen festen Klang zu geben.

Warum dieses Buch?

Intuition ist ein Thema, das sich in den vergangenen Jahren von der rein esoterischen Betrachtungsweise gelöst hat. Viele Wissenschaftler haben sich damit beschäftigt und in einigen Firmen ist Intuition mittlerweile sogar zu einer Anforderung an Führungskräfte geworden. Es gibt hierzu zahlreiche hervorragende und aktuelle Veröffentlichungen mit klugen Gedanken und neuesten Erkenntnissen aus den verschiedensten wissenschaftlichen Disziplinen. Hier zwei Beispiele: Das eine heißt „Wie der Bauch dem Kopf beim Denken hilft" von Bas Kast, einem Biologen und Psychologen mit eloquentem und unterhaltsamem Schreibstil, der sich auch für riskante Selbstversuche nicht zu schade ist. Das andere Buch trägt den Titel „Intuition. Die Weisheit

der Gefühle“ und wurde von Gerald Traufetter, dem Wissenschaftsredakteur des *Spiegels*, brillant recherchiert und geschrieben. Neben Buchveröffentlichungen ist das Thema „Intuition“ oder „intuitive Intelligenz“ in der letzten Zeit auch in allen großen Nachrichtenmagazinen und Tageszeitungen Gegenstand der Betrachtung. Journalisten, Wissenschaftler, Psychologen, Führungskräfte, Personalentwickler reflektierten diese Thematik und beleuchteten sie von allen Seiten: medizinisch, historisch und psychologisch.
Intuition ist eine Fähigkeit, die uns sozusagen wie das Atmen von Haus aus zur Verfügung steht. Von manchen Menschen wird sie bereits bewusst genutzt, andere experimentieren vorsichtig mit ihr und wieder andere beäugen sie noch kritisch. Mit dem Buch „Trust Yourself“ wollen wir einerseits viele der klugen Erkenntnisse zum Thema vereinen, aber vor allem die Ansätze und Hebel finden, mit deren Hilfe Sie Ihre Intuition in Ihrem Alltag und vor allem im Berufsleben besser nutzen können – als Entscheidungshilfe, als Quelle der Selbstsicherheit, als Frühwarnsystem, als Chance, neue Wege zu gehen und erfolgreicher zu werden. Kurzum: Hören Sie doch mal auf Ihren Bauch.

Sie finden in diesem Buch neun Schritte zum Thema Intuition. Sie werden mit Fakten, Anekdoten, Beispielen und Übungen versorgt, die Ihnen das Thema auf interessante und hoffentlich auch unterhaltsame Art und Weise näherbringen. Neueste Erkenntnisse aus dem Bereich der Neurologie sind hier ebenso zu finden wie die anschauliche Beschreibung prominenter Geistesblitze. Es geht also um Hirnstrukturen, herabfallende Äpfel (Newton), überlaufende Badewannen (Archimedes), vermeintliche Schlampereien (Franklin) und natürlich ganz zentral um Sie, den Leser. So finden Sie zu jedem einzelnen Schritt passende Beispiele, Tests oder Übungen, die den Transfer des theoretischen Themas in Ihren (Arbeits-)Alltag ermöglichen.
Die einzelnen Schritte des Buches bauen aufeinander auf. Es empfiehlt sich daher, das Buch von vorne bis hinten, von Schritt eins bis Schritt neun durchzuarbeiten. Nach und nach lernen Sie so verschiedene Techniken und Ansätze kennen, die Ihnen zeigen, wie Sie Ihre Intuition für Ihre Entscheidungen besser nutzen können. Natürlich können Sie sich aber auch einzelne Schritte, die Sie besonders interessieren, Tests oder Übungen gezielt vornehmen. Zu Beginn eines jeden Schritts erfahren Sie, was Sie in dem Kapitel erwartet.

Neben Tests und Übungen mit konkreten Auflösungen finden Sie in diesem Buch zahlreiche Übungen, die der Selbstreflexion dienen. Hierbei gibt es kein Richtig oder Falsch. Es geht vielmehr darum, Ihre Intuitionsfähigkeit zu fördern und auszubauen. Es wird Ihnen bei der Lektüre dieses Buches sicher öfter bewusst werden, in wie vielen Situationen Ihres Alltags- oder Berufslebens Sie bereits nicht nur Ihrer Intuition gefolgt sind, sondern mit diesem Ansatz auch erfolgreich waren.
Die Selbstreflexionen werden Ihnen helfen, sich Ihrer Intuitionsfähigkeit bewusst zu werden, stärker auf Ihre Intuition zu vertrauen und künftig der Intuition bei Entscheidungsprozessen mehr Raum zu geben.
Dieses Buch versteht sich als Trainingsbuch, einen Trainingseffekt erzielen Sie allerdings nur dann, wenn Sie die Übungen nicht nur durchlesen, sondern auch tatsächlich durchführen. Das erfordert häufig Disziplin, aber auch Zeit und Muße. Nehmen Sie sich diese Zeit, wenn Sie Ihre Intuitionsfähigkeit tatsächlich ausbauen wollen.

In unserer Praxis als systemische Beraterinnen weisen wir die Klienten stets darauf hin, dass die eigentliche Veränderung nicht in den Gesprächen mit uns, sondern im Arbeitsalltag stattfindet. Nämlich genau dann, wenn neue Verhaltensweisen ausprobiert, Reaktionen beobachtet und Veränderungen wahrgenommen werden. Integrieren Sie die Übungen also gern in Ihr Berufsleben und nutzen Sie die sich dort bietenden Gelegenheiten, um die neuen Techniken auszuprobieren.
Vielleicht haben Sie ja auch Lust, Freunde oder Kollegen in das Thema mit einzubeziehen? Umso besser, denn gemeinsam kann man sich eher motivieren, wenn es mal mühsam wird – Sie können Ihre neuesten Erkenntnisse und Fortschritte diskutieren, reflektieren und voneinander lernen.

Viel Spaß dabei!

Intuition – Kopf oder Bauch?

Um über Intuition reden zu können, muss man zunächst wissen, worum es sich dabei überhaupt handelt. Als sinnvoller Einstieg in die Thematik empfiehlt es sich daher, bestimmte Begrifflichkeiten im Vorfeld zu definieren und zu klären, was unter „Intuition“ eigentlich verstanden wird. Wenden Sie sich zu diesem Zweck bitte der ersten Übung zu.

Übung 1: Was ist Intuition?
Notieren Sie bitte spontan, auch gern in Stichworten, was Sie unter Intuition verstehen.

Fiel es Ihnen leicht, Ihr Verständnis von Intuition in Worte zu fassen und zu Papier zu bringen? Schauen wir uns an, wie Sie zu Ihrem Ergebnis gekommen sind:

1. Haben Sie aus dem Bauch heraus einige Stichworte aufgeschrieben und anschließend weitergelesen, ohne Ihre Notizen noch einmal anzuschauen oder zu prüfen?

   Dann haben Sie sehr intuitiv reagiert.

2. Haben Sie die Stichworte, die Ihnen eingefallen sind, noch einmal gründlich abgewogen und/oder umformuliert?

   Ihr erster Impuls war die intuitive Herangehensweise, aber Sie trauen Ihrer Intuition nicht.

3. Hatten Sie spontane Ideen, die Sie ignorierten, und haben Sie stattdessen ein Lexikon aus dem Regal genommen oder im Internet nach einer Definition gesucht? Oder haben Sie, weil Sie beides gerade nicht zur Hand hatten, die Übung zurückgestellt, um ja keine falschen Angaben zu machen?

   Sie verlassen sich keinesfalls auf Ihre Intuition. Ihr Credo ist „Fakten, Fakten, Fakten“.

Werfen wir jetzt einen Blick auf das Ergebnis und Ihre inhaltliche Definition von Intuition. Haben Sie Begriffe verwendet wie „Bauchgefühl“, „spontan“, „ohne Nachdenken“, „irrational“, „Unterbewusstsein“ oder Ähnliches? Stand die Intuition möglicherweise im Widerspruch zu Vernunft und Verstand? Falls Sie mit Ihrer Formulierung noch nicht ganz zufrieden sind, seien Sie beruhigt, denn es

gibt auch unter den Wissenschaftlern keine einheitliche Definition und Musterlösung.
Ganz spontan und einfach formuliert, könnte man sagen: Intuition ist gefühltes Wissen und damit die Fähigkeit, spontan und unbewusst Sachverhalte und Situationen zu erfassen, Entscheidungen zu treffen und zu handeln.
Wenn es um Entscheidungen geht, dann laufen in unserem Gehirn sehr komplexe Prozesse ab. Doch unser Gehirn ist kein Computer mit Hard- und Software und eindeutigen, logischen, berechenbaren Operationen. Aus der Hirnforschung wissen wir, dass unser ganzes Denken, Wahrnehmen und Erinnern keine reine Verstandestätigkeit ist, sondern immer von Gefühlen begleitet wird.
Erforscht und belegt wurde dieser Zusammenhang von Wissenschaftlern der Neurologie, die sich unter anderem mit den Schicksalen von Menschen beschäftigen, deren Gehirn aufgrund tragischer Unfälle beschädigt wurde. Diese Gehirnverletzungen führten bei den Betroffenen oft zum Verlust bestimmter Emotionen wie zum Beispiel Angst oder Ekel bzw. zur kompletten Emotionslosigkeit. Wer nicht mehr fühlen kann wird jedoch nicht zum intelligenten Überflieger, sondern – wie viele dieser Patienten – völlig lebensunfähig. Diese Menschen können sich zum Beispiel nicht mehr entscheiden und kommen mit den scheinbar einfachsten Lebenssituationen nicht mehr zurecht. Gefühle sind also ein wesentlicher Teil unseres Denkens. Verstand und Emotion sind untrennbar miteinander verbunden.

Unser Gehirn verarbeitet nicht nur Sachinformationen, erlerntes Wissen und Gefühle, sondern auch alle Erfahrungen, gute und schlechte, die wir tagein, tagaus unser ganzes Leben lang sammeln: Erfahrungen aus erlebten Situationen, aus Sinneseindrücken durch Bilder, Geräusche, Geschmäcker, Gerüche oder starken Gefühlen wie Liebe, Hass, Enttäuschung, Vertrauen und dergleichen mehr. Daraus entsteht ein enormer Wissensschatz, der in unserem Unterbewusstsein lagert und wieder an die Oberfläche befördert wird, sobald sich die Notwendigkeit dafür ergibt, zum Beispiel wenn wir uns zwischen verschiedenen Optionen entscheiden müssen.

Der Schweizer Psychologe Carl Gustav Jung bezeichnete die Intuition als eine grundlegende menschliche Funktion, die das Unbekannte erforscht und das, was noch nicht greifbar ist, erahnt. Er entwickelte 1921 das Modell der psychologischen Typen, das aus vier Funktionen besteht, die den verschiedenen Typen zugeschrieben werden: 1. Denken, 2. Fühlen, 3. Intuition und 4. Empfinden. Kombiniert mit seiner Einteilung in extrovertierte, also auf die Außenwelt ausgerichtete, und introvertierte Menschen, die auf ihre innere Welt ausgerichtet sind, bestimmte Jung insgesamt acht Typen, zum Beispiel das „extrovertierte Denken“ oder das „introvertierte Denken“, das „extrovertierte Fühlen“ oder das „introvertierte Fühlen“. Einen ausführlichen Typentest, basierend auf den Erkenntnissen von Carl Gustav Jung, finden Sie ab Seite 45.

Interessant ist, dass die Ratio, also unser Verstand, relativ schnell an ihre Grenzen stößt. Gut, dass wir dann auf unsere irrationalen Schätze – das Unterbewusstsein, unsere Gefühle und unsere Intuition – zurückgreifen können. Sinnvolle und richtige Entscheidungen kann also nur der treffen, der weiß, dass das eine ohne das andere nicht funktioniert, und im entscheidenden Moment nicht nur auf seinen Verstand, sondern auch auf seine Intuition vertraut.

Wozu Ihnen Ihre Intuition nutzt

Ihre Intuition können Sie sowohl privat als auch im beruflichen Umfeld einsetzen. Sie ist immer dann nützlich, wenn Ihre verstandesmäßige Intelligenz nicht mehr weiterweiß, Ihnen eine innere Stimme etwas flüstert oder Ihnen spontan Gedanken durch den Kopf schießen, von denen Sie nicht genau wissen, woher sie kommen und was Sie damit anfangen sollen.

Beispiel: Wann Ihre Intuition nützlich ist

Ihre Intuition wird Ihnen vor allem dann hilfreich sein, wenn es beispielsweise darum geht,

- die richtigen Entscheidungen zu treffen,
- die Komplexität des Lebens in den Griff zu bekommen,
- die Alarmsignale für Gefahren oder schwierige Situationen zu erkennen,
- schnelle Entscheidungen zu treffen,
- sich selbst und andere besser einschätzen zu lernen,
- sich selbst mehr zu vertrauen und selbstsicherer zu werden,
- mit der Umwelt bewusster und zielgerichteter umzugehen,
- das große Ganze und Gesamtzusammenhänge klarer zu erkennen,

- den Kontrollfreak in sich in Schach zu halten,
- Ihre kreative Seite zu fördern,
- Veränderungen zu bewältigen,
- neue Wege zu gehen,
- besser zu kommunizieren,
- Führungskompetenz aufzubauen.

Solche unterschiedlichen Einsatzbereiche der Intuition betrachten wir in den folgenden Kapiteln im Detail und stellen Ihnen entsprechende Übungen für Ihr persönliches Intuitionstraining vor.

Übung 2: Intuitive Alltagssituationen

Rufen Sie sich drei Situationen ins Gedächtnis, bei denen Sie das Gefühl hatten, dass Ihr Verstand und Ihr Unterbewusstsein unterschiedlich agiert haben. Können Sie sich zum Beispiel daran erinnern, dass Sie etwas kaufen wollten, Ihre Hand bereits danach griff, um es gleich im nächsten Moment wieder zurückzulegen? Oder gab es ein Gespräch, das Sie als wichtig einstuften, vor dem Sie sich aber trotzdem gedrückt haben? Schreiben Sie bitte drei dieser Situationen auf:

Situation 1: ______________________________

Situation 2: ______________________________

Situation 3: ______________________________

Beantworten Sie anschließend folgende Fragen:
Welche bewussten Argumente lagen Ihrem Handeln zugrunde?

____

Welche Gründe könnten Ihr Handeln unbewusst bestimmt haben?

____

Haben Sie Ihrer Intuition oder den Sachargumenten vertraut?

____

Vergleichen Sie Ihre Notizen nun mit der oben aufgeführten Liste der nützlichen Einsatzgebiete der Intuition und formulieren Sie für sich die drei wesentlichen Bereiche, in denen die Intuition für Sie nützlich sein kann.

Die innere Stimme

Hören Sie auch manchmal eine innere Stimme, die Ihnen etwas zuflüstert wie das „kleine Teufelchen", das auf unserer Schulter sitzt und uns einreden will, dass Schokolade auch nach der zweiten Tafel noch gesund sein soll?

In Entscheidungssituationen können wir, wenn wir aufmerksam sind und lauschen, unsere innere Stimme hören. Sie ist die Ausdrucksform der Intuition, um sich bemerkbar zu machen. Die innere Stimme ist vielfältig und bei jedem von uns anders ausgeprägt. Der eine spricht vom „Bauchgefühl", von einem Drücken in der Magengegend, das uns rät, den Vertrag noch nicht zu unterschreiben. Der andere spürt ein ungutes Gefühl in Form von Schweißausbrüchen oder Atemnot, das ihm trotz rationaler Superargumente kein „Ja, ich will!" über die Lippen kommen lässt. Die Körperreaktionen sind vielfältig: von spontanem Erbrechen über Schwindel bis zum Kribbeln im linken kleinen Zeh oder dem Zucken der rechten Augenbraue. Gleich, wie die innere Stimme zu Ihnen spricht, sie zeigt, dass Ihr Körper sich bemerkbar macht, um Ihren intuitiven Einschätzungen Gehör zu verschaffen.

Tipp: Achten Sie auf Ihre Körperreaktionen
... wenn Sie vor schwierigen Entscheidungen stehen. Hinterfragen Sie, was Ihre innere Stimme sagt, stellen Sie Zusammenhänge her und vertrauen Sie Ihrem unterbewussten Erfahrungsschatz. Fegen Sie, was Sie fühlen, nicht einfach mit nachträglich konstruierten Sachargumenten vom Tisch.

Schnell wie der Blitz

„Intelligenz mit überhöhter Geschwindigkeit" lautet eine andere Definition aus unbekannter Quelle. Die Intuition rast demnach voraus, und zwar schneller, als wir schauen oder denken können. Der Intellekt, der prüft, ob dieser Schnellschuss auch in die richtige Richtung ging, folgt dem nach.

Diese Definition wird durch eine These Alexander von Humboldts, Naturwissenschaftler und Geograf, gestützt: „Überall geht ein frühes Ahnen dem späteren Wissen voraus.“ Das heißt, dass wir die Antwort auf eine Frage oder die Lösung eines Problems häufig intuitiv erfassen, aber unserer Intuition nicht recht über den Weg trauen und lieber noch einmal prüfen, ob alles auch seine Richtigkeit hat.

Beispiel: Männlein oder Weiblein als Partner?

Amerikanische Forscher haben in einem Experiment herausgefunden, dass die Intuition ein blitzschnelles und noch dazu recht sicheres Urteil über die sexuelle Orientierung eines Menschen geben kann. So haben die meisten Teilnehmer des Tests nur eine Zehntelsekunde benötigt, um zu entscheiden, ob die auf einem Bild gezeigte Person homo- oder heterosexuell ist. In 70 Prozent aller Fälle lagen die Probanden mit ihrer Blitzentscheidung richtig. Verkürzte man die Betrachtungszeit, lag die Trefferquote niedriger. Erstaunlicherweise stieg sie aber nicht über 70 Prozent, als man den Testpersonen mehr Zeit gab.

Die Intuition der Probanden benötigte also lediglich eine Zehntelsekunde, um alle unbewussten Informationen und die zur Verfügung stehenden Signale zu kombinieren und zu einem Ergebnis zu kommen.

Ist Intuition erlernbar?

Ja, Intuition ist erlernbar. Darin sind sich die Wissenschaftler grundsätzlich einig. Über Intuition verfügt jeder. Mit ihr verhält es sich wie mit einer angeborenen Fähigkeit oder einem Talent, das Sie ausbauen, trainieren und verbessern können. Das ist die gute Nachricht. Als weniger gute mag zunächst die Tatsache erscheinen, dass nicht alles, was Sie im Rahmen dieses Trainings tun, und nicht jede Ihrer bisherigen und zukünftigen Entscheidungen rational und logisch nachvollziehbar waren und sein werden. Sie haben also nicht, wie es Ihnen wahrscheinlich lieber wäre, verstandesgemäß „alles unter Kontrolle“ oder „im Griff“.

Im Privaten ist das für viele von uns noch akzeptabel, da lassen wir schon eher „unlogisches“ Tun und Denken zu und brauchen nicht für alles eine Begründung. Im beruflichen Umfeld sieht das anders aus. In den meisten Unternehmen wird jemand, der eine wichtige Entscheidung mit seinem „Bauchgefühl“ begründet, in aller Regel nicht weit kommen. Im Business-Normalfall dominieren immer noch Sachargumente und rational nachvollziehbare Strukturen. Wenn es um Gefühle geht, schauen Manager gern betreten oder ablehnend zur Seite. Kommentare wie „Emotionskram“, „Reißen Sie sich mal zusammen!“ oder „Konzentrieren wir uns auf die Fakten“ sind keine Seltenheit.

Für den einen oder anderen Verfechter der These „Erst denken, dann handeln!“ wird das Training der eigenen Intuition eine neue und zugleich etwas ungemütliche Erfahrung werden – dafür aber eine nützliche. Lassen Sie sich darauf ein; der Return on Investment ist garantiert.

Bauch oder Kopf? Wo sitzt die Intuition?

Sind Bauchgefühle also stärker als intelligente Schlussfolgerungen? Oder ist der Bauch nur ein alter Trickser, der immer rebelliert, wenn es um das Neue geht? Kann eine Entscheidung aus dem Bauch heraus wirklich gut sein? Wurden die großen Entscheidungen der Weltgeschichte nicht immer im Kleinen und nach persönlichem Gusto getroffen? Das sind Fragen, die eine systematische und wissenschaftlich gestützte Betrachtung erfordern. Fangen wir damit ganz oben an.

Das Gehirn

Das, was in diesem Kapitel aufgeführt werden kann, ist natürlich nur ein minimaler Einblick in die hochkomplizierten Vorgänge unseres Gehirns. In ihm sind zehn bis 100 Milliarden Neuronen miteinander vernetzt, wobei ein Neuron im Durchschnitt mit 10.000 anderen synaptisch verbunden ist. In der Summe der Verbindungen ergibt dies eine Zahl von 100 bis 1.000 Billionen Synapsen. Das sind Verbindungen von einer Nerven- oder Sinneszelle zu einer anderen Nervenzelle oder einem Erfolgsorgan. An ihnen findet die Erregungsübertragung statt, das heißt, hier werden die Befehle ausgeführt, die vom Rückenmark oder dem Gehirn kommen. Die Neuronen steuern jede noch so kleine Funktion unseres Körpers, ohne dass wir es bewusst wahrnehmen. Ingesamt können wir uns unser Gehirn daher als ein gigantisches Netzwerk vorstellen.

Wie die Erregungsübertragung oder, anders gesagt, der „Synapsendialog“ aussehen könnte, haben Woody Allen in seinem Film „Was Sie schon immer über Sex wissen wollten …“ und Otto Waalkes in seinem Sketch „Der menschliche Körper“ sehr anschaulich persifliert. Vielleicht erinnern Sie sich noch daran: „Auge an Großhirn …“

Schon allein zur nächsten Seite dieses Buches umzublättern wird etliche Synapsen unbemerkt in Bewegung setzen und eine Unzahl von Befehlen auslösen. Auge an Großhirn: „Hier steht nichts mehr.“ Großhirn an Hand: „Bitte umblättern.“ Ohr an Großhirn: „Das Telefon klingelt.“ Großhirn an Hand: „Buch weglegen.“ Und so weiter, und so fort. So geht das den ganzen Tag.

Einmal sezieren, bitte …

Unser Gehirn arbeitet vielseitig und ist ein extrem leistungsfähiges Organ, das immer noch weiteres Potenzial für neue Erkenntnisse und Spielraum für Forschungen bietet. So ist es noch gar nicht allzu lange her, dass man dachte, Frauen seien weniger intelligent als Männer, da das weibliche Gehirn weniger wiegt als das männliche. Mittlerweile weiß man, dass es nicht auf das Gewicht, sondern auf die Vernetzung im Gehirn ankommt.

Und noch mehr Spannendes gibt es zu berichten: So macht unser Gehirn zwar nur zwei Prozent unseres Körpergewichts aus, beansprucht aber über 20 Prozent des benötigten Sauerstoffs – also bitte öfter mal für frische Gedanken lüften.
Zwischen den beiden Hirnhälften herrscht reger Funkverkehr in rasender Geschwindigkeit. Um die Vorgänge in diesem umfassenden Netzwerk besser verstehen zu können, folgen nachstehend ein paar kurze Erläuterungen.

Der Hirnstamm

Vor dem Hintergrund der Evolution betrachtet, ist der Hirnstamm uralt. Er wird auch als „Reptiliengehirn“ bezeichnet. In ihm werden alle ursprünglichen Funktionen gesteuert, die sich ebenso bei niederen Wirbeltieren nachweisen lassen. In diesem Teil des Gehirns unterscheiden wir uns also wenig vom Krokodil.
Der Hirnstamm und das Mittelhirn sind außerordentlich wichtig: Hier werden die Reflexe gesteuert und durch das verlängerte Mark hält es die Fäden zu Atmung, Herzschlag und Kreislauf in der Hand. Außerdem werden hier die Signale für die Schutzreflexe gegeben, wie Niesen

oder Husten. Der überlebenswichtige Saugreflex von Neugeborenen hat hier seinen Ursprung, genauso wie der Fluchtreflex bei plötzlich auftauchenden Gefahrsignalen.

Das limbische System

Das limbische System wird auch „Gefühlszentrum“ oder „Säugetiergehirn“ genannt. Es besteht aus zahlreichen Strukturen und noch immer streiten Gelehrte, was alles zum limbischen System gezählt werden darf. Einig ist man sich darin, dass es das zentrale Bewertungssystem im Gehirn ist. Hier sind Emotionen und Erinnerungen gespeichert, hier werden Urteile darüber gefällt, was uns guttut und was uns schadet.

Alle Reize, die wir über unsere Sinnesorgane wahrnehmen, werden im limbischen System verarbeitet und bewertet. Es ist unsere Triebfeder – das bereits erwähnte Teufelchen auf unserer Schulter – und verleitet uns gern zum „Haben-“ und „Machenwollen“, wenn die Ratio „Zu teuer“ oder „Keine Zeit“ sagt. Das limbische System ist also, neben anderen Hirnregionen, nicht ganz unschuldig, wenn dann doch die neueste Designer-Handtasche an unserer Schulter hängt, obwohl wir uns diese Saison zügeln wollten, der nächste Café Latte geordert wird, obwohl wir schon Herzrasen haben, oder das neueste Handy in der Hosentasche klingelt, wo wir doch bei technischen Produkten künftig die erste Generation meiden wollten.

Das Großhirn

Das Großhirn teilt sich in zwei Hälften: die linke und die rechte Hemisphäre. Der sogenannte Balken verbindet beide miteinander. Er besteht aus rund 200 Millionen Nervenfasern und stellt so etwas wie die Datenautobahn zwischen den korrespondierenden Arealen links und rechts dar.

Die motorischen und sensorischen Areale in den beiden Hemisphären sind jeweils für eine Körperhälfte zuständig. Die linke Hirnhälfte steuert dabei die rechte Körperhälfte und die rechte Hirnhälfte die linke Körperhälfte. Bei Rechtshändern, dem überwiegenden Teil der Bevölkerung, dominiert entsprechend die linke Gehirnhälfte, während bei Linkshändern die rechte stärker ausgeprägt ist.

Die Aufgaben der Gehirnhälften

Linke Gehirnhälfte	Rechte Gehirnhälfte
Sprache, Lesen	Körpersprache, Bildsprache
Zeitliches Empfinden	Räumliches Empfinden
Einzelheiten	Ganzheitliches Denken
Logik	Intuition
Gesetze	Kreativität
Präzision	Verspieltheit
Kontrolliertheit	Emotionalität
Analytisches Denken	Musikalität
Planung	Spontaneität

Salopp gesagt, wohnt in unserem Oberstübchen links der Spießer und rechts der Spinner. Links wird analysiert und gegrübelt, wird das Für und Wider abgewogen und herrscht die Logik. Es wird hinterfragt und misstraut, kontrolliert und durchdacht. Hier thront die Ratio über allem. Dies ist an sich nichts „Schlechtes“, denn auch auf diese Weise sammeln wir wertvolle Erfahrungen, speichern Informationen bewusst ab und bekommen das Gefühl, alles „im Griff“ zu haben – und umgekehrt wird uns bewusst, wie wenig wir im Griff haben.

Die Grenzen der Ratio

Gehen wir davon aus, dass Sie lieber Ihrer linken Hemisphäre trauen als Ihrer rechten. Wäre es nicht dennoch schön, auf die Fähigkeiten der rechten Gehirnhälfte besser zugreifen und die Intuition für schnelle und gute Entscheidungen nutzen zu können? Hierfür sollten Sie sich zunächst die Stärken Ihrer rechten Gehirnhälfte bewusst machen bzw. die Schwächen der linken anschauen.

Auch wenn wir komplexe Entscheidungen letztlich intuitiv treffen, ist unser Entschluss häufig dennoch nicht spontan, da wir die intuitive Entscheidung lieber noch einmal mit unserem bewussten Intellekt überprüfen. Das betrifft zum Beispiel emotionale Entscheidungen wie die Frage: „An welchen potenziellen Partner soll ich mich binden?“. Sollten Sie zwei oder mehr Kandidaten zur Auswahl haben, wird eine Pro-und-Kontra-Liste Ihnen die Entscheidung wahrscheinlich nicht erleichtern können. Zunächst müssten Sie klären, welche Parameter Sie ansetzen möchten, anschließend, wie Sie die Faktoren gewichten wollen, und schließlich, wie die Punkte zu verteilen sind. Und selbst wenn Sie es schafften, eine entsprechende Liste zu entwickeln und anhand dieser eine Entscheidung zu treffen, gäbe es keine Garantie, dass Ihr Bauchgefühl Ihnen ebenfalls recht gäbe. Die Datingspezialisten in den USA nennen einen Kandidaten, der die Pro-Liste anführt, aber bei dem sich dennoch das Bauchgefühl nicht überzeugen lässt, „good on paper" – also „gut auf dem Papier" oder „theoretisch richtig". Was nutzt schließlich die Theorie, wenn in der Realität der Funke nicht überspringen will?

Beispiel: Die ist es!

Als eine Freundin vor sieben Jahren mit einer kleinen Erbschaft in der Tasche und ein wenig Gespartem zum ersten Mal den Gedanken hegte, eine Wohnung zu kaufen, konsultierte sie einen Makler, der sie erst einmal aufklären sollte, wie sie mit ihrem begrenzten Budget und ihren hohen Ansprüchen am besten bei der Suche vorgehen sollte.
Während des Gespräches bekam der Makler ein Fax auf den Tisch mit einer Offerte für eine Wohnung in der Innenstadt. Er reichte meiner Freundin das Angebot und sie vereinbarten einen Besichtigungstermin für den nächsten Tag.
Sie brauchte keine fünf Minuten, um zu entscheiden: „Die ist es!" Sie benötigte wesentlich mehr Zeit, um ihren Mann davon zu überzeugen, dass er sich auf ihre Intuition verlassen könne. Sie haben es beide bis heute nicht bereut.

Eine Rekonstruktion

In der linken Gehirnhälfte unserer Freundin hätten – wie bei ihrem Mann – die Alarmglocken schrillen müssen. Es war aber maximal ein sehr gedämpfter Klingelton, den sie vernommen hat. Wie konnte das sein? Scheinbar sprachen alle Anzeichen gegen eine spontane Entscheidung. Sie dachte mit der rechten Hirnhälfte und sah das ganze (renovierte) Bild. Ihre Intuition wurde in diesem Moment von ihrer Phantasie und ihrer Kreativität gestützt und sie entschied spontan und aus dem Bauch heraus.

Erst im Nachhinein hat das befreundete Paar rekonstruiert, warum es richtig war, sich auf die Intuition zu verlassen, und konnte somit die linke Hemisphäre überzeugen:

- **Bedenken linke Hemisphäre:** „Man kauft nicht die erste Wohnung, die man anschaut!“
  Widerlegt: In den folgenden zwei Wochen haben die beiden einen Besichtigungsmarathon absolviert, aber keine Wohnung entsprach annähernd so sehr ihren Wünschen wie die erste.
- **Bedenken linke Hemisphäre:** „Die Arbeit, die in der Wohnung steckt, ist nicht absehbar!“
  Widerlegt: Ein befreundeter Architekt nahm die Wohnung unter die Lupe. Trotz seines Befunds, dass neben den offensichtlichen Renovierungsarbeiten auch alle Leitungen erneuert werden müssten, riet er zum Kauf. Die Wohnung, so sagte er, sei ein Schmuckstück und eine gute Geldanlage.
- **Bedenken linke Hemisphäre:** „Die Renovierungskosten können uns ruinieren.“
  Widerlegt: Sie haben gleich ein Drittel mehr kalkuliert und die Bank berechnen lassen, ob sie sich die Wohnung dann noch leisten können.
- **Bedenken linke Hemisphäre:** „Das Viertel ist nicht sicher!“
  Widerlegt: Diese Aussage stimmte bis zwei Jahre vor dem Kauf noch. Doch nicht nur aus den Medien, auch von Freunden, die dort lebten, haben sie immer wieder gehört, wie positiv sich das Viertel entwickelte. Investoren haben hier angelegt, es wurde viel saniert, Familien zogen ein, die Infrastruktur änderte sich – und ein Viertel mit einer so gut erhaltenen Bausubstanz, das so zentral liegt, ist ein ungeschliffener Diamant.

Mittlerweile ist der Diamant geschliffen und heute könnten es sich unsere beiden Freunde nicht mehr leisten, hier eine Wohnung zu kaufen. Glück gehabt? Oder einfach zu Recht auf die Intuition gehört?

Ist Intuition weiblich?

Das eben genannte Beispiel bringt uns zu einem Klischee, das häufig noch in unseren Köpfen spukt, nämlich das der „weiblichen Intuition“. Konnte meine Freundin, schlicht und einfach basierend auf der Tatsache, dass sie eine Frau ist, mit Leichtigkeit eine intuitive Entscheidung fällen, während ihr Mann sich mit seiner Ratio herumplagen musste?

Sind Frauen denn wirklich intuitiver als Männer? Louann Brizendine ist als Wissenschaftlerin und Autorin des Bestsellers „Das weibliche

Gehirn“ Expertin auf diesem Gebiet. Sie geht davon aus, dass Frauen evolutionsbedingt Situationen eher „lesen“ als Männer. Hierbei ist die Interpretation von nonverbalen Signalen ein wichtiger Faktor. Schon seit Urzeiten müssen Frauen die verschiedensten Signale wahrnehmen und verstehen, zum Beispiel solche, die Säuglinge und Kinder unter zwei Jahren senden, um deren Bedürfnisse erkennen und erfüllen zu können. Auch erste Anzeichen im Verhalten von gewaltbereiten Männern zu lesen, war seit jeher eine wichtige Fähigkeit der Frauen, die ihre Kinder und sich selbst rechtzeitig in Sicherheit bringen wollten. Man kann also daraus schließen, dass Frauen dieses „Lesen“ von Situationen, dieses Erkennen von Signalen einen kleinen Vorsprung geben mag, was die Intuitionsfähigkeit angeht. Diese Beobachtungsgabe ist jedoch trainierbar, jeder Mann kann sie sich ebenso aneignen, zum Beispiel in Körperspracheseminaren oder Wahrnehmungstrainings.

Royal Flush für die Damen

Der Begriff „weibliche Intuition“ wird in letzter Zeit häufig im Zusammenhang mit dem Pokerspiel genannt, das sich zuerst in den USA und nun hierzulande einer immer größer werdenden Popularität erfreut. Tatsächlich werden Seminare angeboten, in denen ein männlicher Pokerspieler Erfahrungen im Spiel mit weiblichen Spielerinnen sammeln kann. Diese, so heißt es, spielen intuitiver und erfassen leichter die nonverbalen Signale ihrer Mitspieler. Und auch die unbewusste Verarbeitung dieser Informationen, sagt man, gelingt Frauen besser.

Tipp: Nutzen Sie die Potenziale Ihrer Wahrnehmung

Die Wahrnehmung nonverbaler Signale, die Frauen möglicherweise evolutionsbedingt leichter fällt, kann durchaus auch von Männern genutzt werden, um die eigene Intuitionsfähigkeit auszubauen. Wo die Stärken Ihrer Wahrnehmung liegen, erfahren Sie in der ersten Lektion.

Rechts oder links?

Wie wir im vorherigen Kapitel beschrieben haben, sitzt die Intuition in der rechten Hemisphäre unseres Gehirns, dort, wo auch Kreativität, Spontaneität und der Blick auf das Große und Ganze zu Hause sind. Während sich die linke Gehirnhälfte um die Detailarbeit kümmert und für die Präzision zuständig ist, behält die rechte den Überblick über das ganze Bild.

Sie könnten sich entscheiden: „Nun gut, ab jetzt lasse ich meiner rechten Gehirnhälfte mehr Freiraum und schränke die linke ein wenig ein. Mal sehen, was es mir bringen wird." Eine rationale, von der linken Gehirnhälfte getroffene Entscheidung allein reicht jedoch nicht aus, die rechte muss aktiv trainiert werden. Aber schauen wir uns doch erst einmal an, warum bei uns die eine Hemisphäre meist mehr genutzt wird als die andere. Hierbei ist die bereits erwähnte „Händigkeit" ein wichtiger Aspekt.

Nach statistischen Angaben sollen lediglich zehn bis 15 Prozent der Weltbevölkerung Linkshänder sein. Stutzig macht jedoch die Tatsache, dass sich unter älteren Menschen weniger Linkshänder finden als unter jungen. Dies lässt vermuten, dass der tatsächliche Prozentsatz der Linkshänder wesentlich höher liegt als offiziell angenommen. Ursache hierfür könnte sein, dass in den älteren Generationen die Umerziehung von Links- zu Rechtshändern üblich war, während sie heute sehr umstritten ist und seltener vorgenommen wird. Als mögliche Nebenwirkungen der Umerziehung hatte man psychische Probleme, Sprachstörungen und Legasthenie erkannt. Doch auch heute noch werden Kinder auf die rechte Hand umerzogen, die kulturell als „die bessere" angesehen wird: Schließlich ist man die *rechte* Hand vom Chef und nicht die linke. Es sei denn, man hat *zwei linke* Hände und kann gar nichts. Oder man ist unterfordert, weil man alles mit *links*, also mit Leichtigkeit erledigt.
In der rechten Hemisphäre, in der die Intuition ihren Sitz hat, finden sich weitere Fähigkeiten und Eigenschaften, welche die Intuition unterstützen, zum Beispiel die Musikalität. Von Albert Einstein ist bekannt, dass er seit seiner Kindheit leidenschaftlich gern Geige spielte – ein guter Ausgleich zu seiner Tätigkeit als Physiker, die vor allem seine linke Gehirnhälfte forderte. Die zündenden Ideen kamen Einstein häufig beim Geigespielen, wenn die rechte Hemisphäre aktiv war. So ist es wenig verwunderlich, dass er bei seiner Arbeit fast immer seine Violine in Reichweite hatte.

Stärken Sie Ihre rechte Gehirnhälfte

Die rechte Hemisphäre unseres Gehirns hat einiges zu bieten, was wir hervorragend in unserem Arbeitsalltag nutzen können. Es lohnt sich deshalb durchaus, wenn Sie sich ihr ein wenig intensiver widmen und auf die Sprünge helfen. Halten wir uns noch einmal einige Stärken der rechten Gehirnhälfte vor Augen.

Das ganze Bild erkennen

Wäre es nicht schön, sich nicht ständig in Details, im Für und Wider zu verlieren und stattdessen den Überblick zu behalten? Intuitiv und souverän die richtige Entscheidung zu treffen, weil Sie in der Lage sind, das ganze Bild zu betrachten, und nicht nur die einzelnen Mosaiksteinchen sehen, die, jedes für sich genommen, keinen Sinn zu ergeben scheinen? Das ganzheitliche Denken ist eine der Aufgaben und einer der Vorzüge der rechten Gehirnhälfte.

Körper- und Bildsprache

Um die nonverbale Sprache Ihres Gegenübers besser verstehen zu lernen, können Sie Seminare besuchen oder entsprechende Bücher lesen. Sie können sich das Lesen der Körper- und Bildsprache aber auch aneignen, indem Sie Ihre rechte Gehirnhälfte stärker beanspruchen und damit auch Ihre Intuition schulen.

Übung 3: Alle Antennen auf Empfang stellen

Bei der nächsten Begegnung mit einem Bekannten oder Kollegen stellen Sie einmal alle Ihre Antennen auf Empfang: Achten Sie nicht nur auf das gesprochene Wort, sondern schenken Sie der Körpersprache Ihres Gegenübers mindestens ebenso große Aufmerksamkeit.

Wie ist Ihr Eindruck? Verlassen Sie sich dabei einmal ganz auf Ihre innere Stimme oder Intuition. Welcher Eindruck ist der erste: Unterstreicht Ihr Gegenüber das Gesagte mit seiner Körpersprache oder lässt er eher eine Unsicherheit gegenüber seinen Worten erkennen?

Wenn Sie sich bei Begegnungen immer wieder daran erinnern, die Körpersprache Ihres Gesprächspartners zu studieren und zu bewerten, wird diese Beobachtung eines Tages ebenso selbstverständlich für Sie sein, wie es das Hören bereits jetzt ist. Sie vermögen ohne große Anstrengungen und eher intuitiv, die Körpersprache zu lesen, und wissen, ob Ihr Gegenüber ein „Freund“ oder ein „Feind“ ist – unabhängig davon, was der Betreffende sagt.

Spontaneität

Ständig lassen wir uns von der linken Hemisphäre unseres Gehirns bremsen, anstatt spontan umzusetzen, was wir intuitiv schon wissen. Doch kaum hat die Intuition eine Entscheidung gefällt, meldet sich die linke Hirnhälfte und verlangt, dass noch einmal reflektiert, analysiert, nachgerechnet und geplant wird, was wertvolle Zeit kostet. Wäre es da nicht schön, jenem Bedenkenträger hin und wieder ein Schnippchen zu schlagen und intuitiv recht zu haben?
Hören Sie einfach mal auf Ihren Bauch – oder besser: auf Ihre rechte Hirnhälfte.

Fitness für die rechte Hemisphäre

Wie können wir dann unserer rechten Gehirnhälfte auf die Sprünge helfen? Reicht es aus, wenn wir uns einfach vornehmen, künftig spontaner, intuitiver und kreativer zu sein? Ein solcher Vorschlag kann eigentlich nur von der linken, planenden Hemisphäre kommen und sie allein vermag natürlich nicht, unsere rechte Gehirnhälfte zu aktivieren. Doch es gibt zahlreiche Übungen, welche die rechte Gehirnhälfte unterstützen. Sie sind leicht in den Alltag zu integrieren und trainieren Ihre Intuitionsfähigkeit auf spielerische Art und Weise. Einige solche Übungen sind im Folgenden wiedergegeben.

Übung 4: Das machen Sie „mit links“!

Schon in der Schule wird unsere linke Gehirnhälfte stärker trainiert, als unsere rechte. Durch diese Überbetonung – eventuell kombiniert mit einer Rechtshändigkeit – fehlt es der rechten Hemisphäre an Training. Bitte versuchen Sie daher, folgende Übungen mindestens eine Woche lang täglich zu praktizieren, und notieren Sie die Erfahrungen, die Sie dabei machen:

- Stehen Sie morgens einfach mal mit dem linken Bein zuerst auf.
- Halten Sie die Zahnbürste beim Zähneputzen mit der linken Hand.
- Schenken Sie Getränke mit der linken Hand ein.
- Schreiben Sie täglich ein paar Zeilen mit Ihrer linken Hand.

Diese Übung ist natürlich nur für Rechtshänder sinnvoll. Im Anschluss finden sich Übungen, mit denen auch Linkshänder ihre rechte Gehirnhälfte trainieren können.

In den ersten Tagen wird es sich wahrscheinlich ungewohnt und umständlich anfühlen, eventuell macht es Sie auch nervös, dass die Tätigkeiten langsamer und weniger gut von der Hand gehen als sonst. Einige Male werden Sie als Rechtshänder vermutlich mit der rechten Hand nach der Zahnbürste greifen und sich erst wieder bewusst machen müssen, dass Sie die linke benutzen wollen; ein paar Ihrer leicht gekritzelten Notizen werden Sie möglicherweise nicht mehr entziffern können – doch nach ein paar Tagen können Sie Fortschritte erkennen und werden immer sicherer. Seien Sie daher ausdauernd. Je intensiver Sie trainieren, desto schneller wird sich ein Trainingserfolg einstellen.

Versuchen Sie, auch nach dieser einen Trainingswoche Ihre linke Hand immer wieder einmal einzusetzen. Überlegen Sie, welche weiteren Tätigkeiten Sie künftig „mit links" ausführen können, zum Beispiel die Wohnung aufschließen, Suppe umrühren, Blumen gießen.

Übung 5: Stellen Sie die Welt auf den Kopf

Wenn wir ein Foto betrachten, analysiert unsere linke Gehirnhälfte lediglich das, was es zu sehen gibt. Stellen wir aber das Bild auf den Kopf, so ist die rechte Hemisphäre gefragt und gefordert, die nun eine räumliche Beziehung herstellen muss, um das Bild entschlüsseln zu können.
Nehmen Sie sich ein Familienalbum oder einen Bildband zur Hand, drehen Sie ihn auf den Kopf und betrachten Sie in Ruhe die einzelnen Fotos oder Abbildungen.

Haben sich Ihnen neue Perspektiven eröffnet? Ihre linke Gehirnhälfte ist nicht in der Lage, die auf dem Kopf stehenden Fotos oder Bilder zu deuten, und überlässt der rechten Hemisphäre den Vortritt, die mit dieser Übung bestens trainiert wird.
Die Entwicklung von Assoziationsketten ist ein weiteres Training, mit dem Sie Ihre rechte Gehirnhälfte stärker anregen können. Eine einfache und effektive Übung, die Ihnen vielleicht noch aus Ihrer Kindheit bekannt ist, ist das Spiel „Ich packe meinen Koffer …".

Übung 6: Ich packe meinen Koffer …

Bei diesem Spiel geht es darum, Gegenstände aufzuzählen, die man – rein hypothetisch – in einen Koffer packen könnte. Dabei gilt: Je absurder die Ideen sind, desto interessanter und lustiger wird das Spiel. Die Regeln sind einfach: Jeder Teilnehmer muss die zuvor genannten Gegenstände in der richtigen Reihenfolge aufzählen und einen neuen hinzufügen. Wer einen Fehler macht, scheidet aus. Ein Beispiel:

- Teilnehmer 1: „Ich packe meinen Koffer und nehme ein Stachelschwein mit."
- Teilnehmer 2: „Ich packe meinen Koffer und nehme ein Stachelschwein und meine Luftpumpe mit."
- Teilnehmer 3: „Ich packe meinen Koffer und nehme ein Stachelschwein, meine Luftpumpe und eine Bienenwachskerze mit."
- Teilnehmer 1: „Ich packe meinen Koffer und nehme ein Stachelschwein, meine Luftpumpe, eine Bienenwachskerze und einen Zollstock mit." …

Das freie Assoziieren, das in der folgenden Übung erläutert wird, können Sie ebenfalls mit einem Partner spielen.

Übung 7: Freies Assoziieren

Einer der Mitspieler gibt ein Wort vor, der nächste assoziiert frei ein anderes Wort hinzu. Hierauf assoziiert der erste wieder ein Wort und so weiter. Bei dieser Variante müssen die Wörter, die vorher genannt wurden, nicht wiederholt werden.

Das kann dann beispielsweise so aussehen: Haus – Tier – Schwein – Würstchen – Oktoberfest – Urlaub – Impfung – Wartezimmer – Boulevardzeitung – David Beckham …

Haben Sie keinen Partner, können Sie diese Art Assoziationsketten natürlich auch allein bilden.

Eine Variante, die sich ebenfalls gut allein spielen lässt, ist das Assoziieren von Begriffen zu Gegenständen, die Sie sehen. Damit können Sie übrigens hervorragend „Auszeiten" an Bahnhöfen, Flughäfen oder in Wartezimmern überbrücken. Warten Sie zum Beispiel auf Ihren Zug, könnten Ihre Assoziationen folgendermaßen aussehen:

- Würstchenbude – Senf
- Koffer – Malediven
- Blumenladen – Mutter

Je häufiger Sie diese Übungen anwenden und in Ihrem Alltag die rechte Gehirnhälfte fordern, desto mehr wird diese angeregt und gestärkt. Sie können auf diese Weise Ihre Intuitionsfähigkeit ohne großen Aufwand trainieren.

Genies nutzen die rechte und die linke Hemisphäre gleichermaßen

Da die linke und rechte Gehirnhälfte nicht losgelöst voneinander arbeiten, sondern miteinander in Verbindung stehen, wird auch die Kommunikation zwischen rechts und links optimiert, wenn Sie die einzelnen Hemisphären zu trainieren und aktivieren lernen. Dann haben Sie, was im Amerikanischen gern als „best of both worlds" bezeichnet wird: Ihnen stehen die besten Eigenschaften beider Hemisphären zur Verfügung – das systemische Denken aus der linken Gehirnhälfte und die Intuition aus der rechten.
Mit der Übung 8 können Sie die Zusammenarbeit beider Hemisphären und ihre Harmonisierung trainieren.

Übung 8: Über Kreuz

Diese Übung können Sie im Stehen wie auch im Sitzen durchführen. Wichtig ist, dass Sie die beiden Schritte in der gleichen Anzahl ausführen.

- Heben Sie Ihr linkes Knie. Führen Sie nun Ihre rechte Hand auf Ihr linkes Knie. Drücken Sie sanft auf Ihr Knie und halten Sie einen Moment lang inne. Lösen Sie dann langsam den Druck und stellen Sie Ihr linkes Bein wieder auf den Boden.
- Heben Sie Ihr rechtes Knie. Führen Sie nun Ihre linke Hand auf Ihr rechtes Knie. Drücken Sie sanft aufs Knie und halten einen Moment lang inne. Lösen Sie dann langsam den Druck und stellen Sie Ihr rechtes Bein wieder auf den Boden.

Wiederholen Sie die Übung einige Male.

„Die liegende Acht" unterstützt Sie ebenfalls darin, beide Hemisphären Ihres Gehirns besser zu vernetzen.

Übung 9: Die liegende Acht

Stellen Sie sich leicht breitbeinig und aufrecht hin. Rücken und Kopf sind gerade, aber nicht angespannt.

- Zeichnen Sie mit der rechten Hand fünfmal eine große liegende Acht vor sich in die Luft – Sie beginnen also zum Beispiel rechts oben, führen Ihre Hand abwärts zur linken Körperhälfte, wieder hinauf und anschließend herab zur rechten Körperhälfte und so weiter. Folgen Sie Ihrem Finger mit den Augen.
- Zeichnen Sie nun mit der linken Hand fünfmal eine große liegende Acht in die Luft und folgen Sie Ihrem Finger mit den Augen.
- Legen Sie nun beide Hände wie folgt zusammen: Strecken Sie die Arme vor sich aus, winkeln Sie Ihre Hände um 90 Grad so nach oben an, dass Sie auf Ihre Handrücken schauen. Legen Sie nun beide Daumen sowie beide Zeigefinger an ihren Fingerspitzen zusammen, sodass sie ein Dreieck bilden. Durch dieses „Fenster" schauen Sie während der Übung.
- Beschreiben Sie nun mit den zusammengelegten Händen eine große liegende Acht und verfolgen Sie die Bewegung mit Ihren Augen, indem Sie durch das „Fenster" schauen. Halten Sie den Kopf dabei ruhig, strecken Sie aber Ihren Körper, so weit es geht, um die Acht so groß wie möglich gestalten zu können.
- Lassen Sie die Bewegungen immer kleiner werden, wobei Sie dabei mindestens zehnmal die Acht beschreiben sollten. Am Ende ist die Acht so klein, dass Ihr Körper stillsteht, Sie nur noch eine minimale Armbewegung ausführen und die Augen der Acht folgen lassen.

Beenden Sie die Übung, indem Sie die Augen schließen und gedanklich noch drei bis vier weitere Achten beschreiben.

Tipp: Täglich zehn Minuten

Ihrer rechten Gehirnhälfte kommt beim Training Ihrer intuitiven Fähigkeiten eine wichtige Rolle zu. Erklären Sie doch einfach diesen Bereich Ihres Kopfs für eine gewisse Zeit, zum Beispiel für die nächsten zwei Wochen, ganz bewusst zu Ihrer neuen Lieblingskörperregion, um die Sie sich besonders kümmern wollen. Widmen Sie Ihrer rechten Gehirnhälfte täglich zehn Minuten Ihrer Zeit, in denen Sie sie mithilfe der genannten Übungen trainieren und aktivieren.

Das Bauchhirn

Wandern wir nun in unserem Körper etwas weiter nach unten und stellen dort die Frage: „Ist das Gehirn alleiniger Sitz unserer Gefühle und unseres Erfahrungswissens und die Intuition damit eine reine Kopfsache?“ Die Antwort lautet: „Ja und nein.“ Auf welche Stelle Ihres Körpers würden Sie spontan, also intuitiv, zeigen, wenn Sie über Intuition und Emotion sprechen? Auf den Bauch? Genau das würden die meisten Menschen tun, unabhängig davon, aus welchem Kulturkreis sie kommen.
Wir haben in den bisherigen Kapiteln bereits über das Bauchgefühl und die innere Stimme gesprochen, durch die sich unsere Intuition bemerkbar macht und sich „Gehör verschafft“. Was ist nun wirklich dran an unserer emotionalen Magengegend? Kann unser Bauch fühlen oder sogar denken? Heißt das Unterbewusstsein so, weil es anatomisch weiter unten als das Gehirn angesiedelt ist? Woher kommen die Stimmen aus der Tiefe und wer spricht da zu uns, wenn wir auf unseren Bauch hören sollen?

Sehr interessante Einsichten in das Innenleben unserer Körpermitte liefern Forscher aus dem Wissenschaftsbereich der Neurogastroenterologie. Vereinfacht gesagt, beschäftigen sie sich mit den Funktionen des Nervensystems im Verdauungstrakt und unter anderem auch mit den Wechselwirkungen zwischen Darm und Gehirn. Die Forscher sprechen von dem Nervensystem im Darm als einem zweiten Gehirn, es wird auch „Bauch-“, „Darmhirn“ oder „little brain“ genannt. Sie bezeichnen es als ein Abbild unseres Kopfhirns. Das Bauchhirn bildet (nach unserem Kopfhirn) die zweitgrößte Ansammlung von Nervenzellen, nämlich mehr als 100.000 Millionen, die mehr als nur verdauen können. Äußerst verblüffend ist, dass im Bauchhirn die exakt gleichen Zelltypen, Wirkstoffe und Rezeptoren vorhanden sind wie in unserem zentralen Denkorgan. Das zweite Gehirn ist zudem angefüllt mit psychoaktiven Substanzen wie Serotonin, Dopamin, Opiaten und anderen Stoffen, die unsere Gemütszustände beeinflussen.

In unserem Darm sitzen mehr als 70 Prozent aller Abwehrzellen; er ist somit das größte Immunorgan unseres Körpers. Die Abwehrzellen stehen den Wissenschaftlern zufolge mit dem Bauchhirn in Verbindung. Mit seiner Hilfe lernen sie, zwischen nützlichen und schädlichen Bakterien zu unterscheiden. Kommt ein schädlicher Stoff in unseren Körper, „spürt“ das Bauchhirn die drohende Gefahr und gibt Alarmsignale an das Kopfhirn. Dieses wird sich der Situation im Darm bewusst und gibt das Kommando zur Gegenreaktion, zum Beispiel in Form von Erbrechen oder Krämpfen.

Kopf- und Bauchhirn sind über Nervenstränge miteinander verbunden. Interessanterweise verlaufen zirka 90 Prozent dieser Verbindungen von unten nach oben, also vom Bauch in den Kopf, und nur rund 10 Prozent vom Kopf in den Bauch. Daraus schließen einige Wissenschaftler, dass der Bauch die wichtigeren Botschaften zu vermelden hat und dies auch tut, indem er dem Kopf ständig Informationen übermittelt. Dies ist ein weiterer Beleg dafür, dass unser Verstand kein allmächtiger Alleinherrscher ist, sondern in einem hochsensiblen Zusammenhang mit unserem Bauchgefühl und unserer Intuition steht. Ganz abgesehen vom wissenschaftlichen Hintergrund ist dies ein schönes Bild: unsere zwei Gehirne, die sich emsig austauschen und in konstantem Dialog miteinander stehen. Man kann dabei fast von einer Beziehung sprechen. Und wie bei jeder Partnerschaft geht es nur miteinander und nicht gegeneinander. Man befindet sich in einer gewissen Abhängigkeit, keiner kann ohne den anderen. Das führt manchmal zu Reibereien. In anderen Situationen allerdings, zumeist dann, wenn es wirklich drauf ankommt, verfügt man gemeinsam über eine wesentlich höhere Effizienz und Leistungsfähigkeit als jeder für sich allein genommen.

Eine sehr anschauliche Visualisierung für dieses Zusammenspiel der beiden Partner Bauch- und Kopfhirn zeichnet der Psychologe und Biologe Bas Kast in seinem Buch „Wie der Bauch dem Kopf beim Denken hilft. Die Kraft der Intuition“. Die Ratio, unseren bewussten Verstand, vergleicht er mit „einem Scheinwerferlicht, das einen bestimmten Punkt im Raum klar beleuchten kann, wie zum Beispiel das Gesicht eines Schauspielers“. Im punktuellen Licht können wir jedes Detail des Gesichts erkennen. Die Bühne selbst und alles außen herum bleibt dagegen im Dunkeln. Das bedeutet Kast zufolge: „Unser bewusstes Denken ist zwar fokussiert, verliert aber durch seine Fixierung aufs Detail schnell das große Ganze aus dem Auge.“ Der möglicherweise fatale Fehler des Verstandes ist, dass er nur das, was beleuchtet ist, für existent hält. Die Welt schrumpft quasi auf den Bereich des Lichtkegels zusammen.

Unser gefühlsorientiertes Unterbewusstsein dagegen vergleicht Kast mit einem schwachen Flutlicht. Man kann darin nicht jedes Detail sehen, dafür werden aber „die Umrisse der ganzen Bühne sichtbar.

Alles wird ein bisschen beleuchtet." Präzision gehört „nicht zu den Stärken des Unterbewusstseins". Dafür erfassen wir mit ihm intuitiv die gesamte Situation und erkennen übergreifende Zusammenhänge, was sich insbesondere in komplexen Situationen als Vorteil erweist.

Tipp: Intuition als Zusammenspiel von Kopf und Bauch
Die Intuition ist ein Zusammenspiel von Kopf und Bauch, Verstand und Gefühl, Rationalem und Irrationalem. Beide Partner haben ihre wichtigen Funktionen und Aufgabenbereiche. Sich entweder nur auf sein Bauchgefühl oder nur auf seinen Verstand zu verlassen würde unserer „Biologie" widersprechen und unsere persönlichen Fähigkeiten unnötig einschränken.

Erster Schritt: Was nehmen wir wahr?

Bevor Sie Ihre Intuition aktiv in Ihrem Privatleben und Arbeitsumfeld einsetzen können, sind noch ein paar „Grundeinstellungen“ nötig, die Ihnen die Anwendung einfacher machen werden. Dieses Kapitel dient der Vorbereitung und wird Ihnen nicht nur Wissen über die Wahrnehmung an sich vermitteln, sondern Ihnen auch dabei helfen, Ihre eigenen Wahrnehmungsschwerpunkte zu erkennen.

Die verschiedenen Wahrnehmungsformen

Die verschiedenen Arten der Wahrnehmung sind mit ausschlaggebend dafür, warum Menschen intuitiv unterschiedlich entscheiden. Lernen Sie, Ihren Wahrnehmungsstärken stärker zu vertrauen und schwächere Aufmerksamkeitsformen zu trainieren.
Da sich unsere Intuition aus Wissen (bewusstem oder unbewusstem), Erfahrung und Wahrnehmung speist, müssen Sie zunächst herausfinden, welche Wahrnehmungsformen bei Ihnen am stärksten ausgeprägt sind. Diese Erkenntnis hilft Ihnen, künftig mehr auf Ihre Stärken zu vertrauen und auch mal den Versuch zu wagen, Ihnen weniger vertraute Wahrnehmungsformen stärker auszubauen, um eine Situation mit allen Sinnen erfassen und bewerten zu können.

Wir nehmen unsere Umwelt mit fünf Sinnen wahr – wir sehen, hören, riechen, fühlen und wir schmecken. Diese sinnlichen Erfahrungen speichern wir ab und viele davon landen in unserem Unterbewusstsein. Manchmal werden wir dann durch eine sinnliche Erfahrung an eine Begebenheit erinnert. So kann uns zum Beispiel ein bestimmter Geruch auf eine Zeitreise schicken und weit zurückliegende Kindheitserinnerungen lebendig werden lassen.

Aber auch wie sich etwas anfühlt, klingt oder schmeckt, kann Vergangenes ins Gedächtnis rufen und Gefühle auslösen. Nicht immer handelt es sich dabei um bewusste Erinnerungen, manchmal ist es nur eine vage Empfindung. Und genau dieses vage Gefühl bezeichnen wir im Zusammenhang mit unserer sinnlichen Wahrnehmung auch als „Intuition“.

Schauen wir uns die fünf Sinne, die bereits Aristoteles kategorisierte, noch einmal genau an:

- **visuell:** die Wahrnehmung mit den Augen
- **akustisch:** die Wahrnehmung mit den Ohren
- **haptisch:** die Wahrnehmung mit dem Tast- und Fühlsinn
- **olfaktorisch:** die Wahrnehmung mit der Nase
- **gustatorisch:** die geschmackliche Wahrnehmung mit der Zunge und dem Gaumen.

Beispiel: Der perfekte Day Spa

Nach einer anstrengenden Woche im Büro möchte Claas B. am Wochenende einmal so richtig ausspannen und gönnt sich einen Tag im Day Spa. Am Montag berichtet er seinen Kollegen begeistert von

- dem schönen balinesischen Interieur und der hübschen Empfangsdame (visuelle Wahrnehmung),
- den meditativen Klängen, die den Ruheraum in eine wahre Entspannungsoase verwandeln (akustische Wahrnehmung),
- der tollen Massage, die alle Verspannungen im Nackenbereich verschwinden lässt (haptische Wahrnehmung),
- dem Duft der Öle und der Räucherstäbchen, die eine exotische Atmosphäre fern des Alltags zaubern (olfaktorische Wahrnehmung) und
- dem leckeren Ingwer-Zitronen-Tee sowie der frischen Fruchtplatte (gustatorische Wahrnehmung).

Je nachdem, mit welchem Sinneskanal Claas B. am stärksten wahrnimmt, wird seine Erinnerung entsprechend geprägt sein. Das gilt im positiven wie im negativen Sinn. Sind wir zum Beispiel akustisch geprägt, empfehlen wir ein Restaurant, das wir als zu laut empfunden haben, nicht weiter. Sind wir dagegen haptisch geprägt, erinnern wir uns vielleicht nur ungern an eine Reise in einem Flugzeug, dessen Sitze besonders unbequem waren. Grundsätzlich ist davon auszugehen, dass wir über ein bis zwei dominante Wahrnehmungsprägungen verfügen, wobei die Formen visuell, akustisch und haptisch mit Abstand am häufigsten vorkommen. Die Formen gustatorisch und olfaktorisch treten in Kombination als weniger dominante Prägungen auf; reine Formen sind sehr selten.

Ihre persönlichen Wahrnehmungsschwerpunkte

Übung 1: Test: Welcher Wahrnehmungstyp sind Sie?

Bitte kreuzen Sie beim nachfolgenden Test jeweils die Antworten an, die am ehesten auf Sie zutreffen, und lernen Sie Ihre Wahrnehmungsschwerpunkte kennen. Wir konzentrieren uns dabei auf die drei am häufigsten vorkommenden Wahrnehmungsformen:

v) = visuell
a) = akustisch
h) = haptisch

Sie sind anderer Meinung und sagen:
v) „Das sehe ich anders."
a) „Das klingt nicht überzeugend."
h) „Das passt mir nicht."

Sie begreifen etwas nicht und denken:
v) „Das blicke ich nicht."
a) „Das verstehe ich nicht."
h) „Das schnalle ich nicht."

Im Schuhgeschäft entscheiden Sie sich für ein Modell,
v) das modisch ist und schick aussieht.
a) dessen Sohlen nicht quietschen.
h) das vor allem bequem ist.

Was passiert, wenn Sie an den perfekten Strandurlaub denken?
v) Sie sehen den orangeroten Sonnenuntergang.
a) Sie hören das Rauschen der Wellen und das Kreischen der Möwen.
h) Sie spüren den Sand unter den Füßen und die Sonne auf der Haut.

Welche Formulierung eines Ferienprospekts spricht Sie an?
v) „Die bunten Farben des Herbstlaubes ..."
a) „Das Knistern des Kaminfeuers ..."
h) „Das sanfte Federn des Waldbodens beim Spaziergang ..."

Heute Morgen im Bad – Sie erinnern sich gut an
v) den Blick in den Spiegel.
a) das Rauschen des Wassers.
h) das Handtuch auf Ihrer Haut (ob kratzig oder weich).

Schauen Sie nun, wo Ihre Wahrnehmungsschwerpunkte liegen. Zählen Sie dazu, wie oft Sie v), a) oder h) angekreuzt haben. Die Form, die Sie am häufigsten gewählt haben, stellt Ihren Wahrnehmungsschwerpunkt dar:

v) =
a) =
h) =

TESTAUSWERTUNG

Visuelle Ausrichtung: Sie nehmen stark mit Ihrem Sehsinn wahr. In Ihren Formulierungen finden sich Wendungen wie „Das sieht gut aus“ (auf die Frage, ob der Ausflug am Wochenende stattfindet) oder „Das sehe ich zu diesem Zeitpunkt noch nicht“ (auf die Frage, ob einem Mitarbeiter mehr Verantwortung übertragen werden sollte). Die visuelle Prägung beeinflusst natürlich auch Ihre intuitiven Entscheidungen. Ihre Erklärung für eine positive Entscheidung könnte im Nachhinein etwa lauten: „Das sah für mich alles prima aus.“ Oder für eine negative: „Das sah nicht ganz sauber aus.“

Tipp: Visualisieren Sie
Als Mensch mit stark ausgeprägter visueller Wahrnehmung kann es Ihnen helfen, sich Situationen konkret bildlich vorzustellen, wenn Sie sich mit einer Entscheidung schwertun. Lassen Sie die Folgen Ihrer möglichen Entscheidung als imaginären kleinen Film vor Ihrem geistigen Auge ablaufen. Welche Variante fällt Ihnen leichter zu visualisieren? Welche Möglichkeit sieht für Sie besser aus?

Akustische Ausrichtung: Ihr Hörsinn dominiert Ihre Wahrnehmung. In Ihren Formulierungen finden sich Wendungen wie „Das klingt prima“ (etwa auf die Frage, ob Sie mit ins Kino gehen) oder „Davon kann noch lange nicht die Rede sein“ (zum Beispiel auf die Frage, ob ein Mitarbeiter für eine Gehaltserhöhung eingeplant ist). Die akustische Prägung beeinflusst natürlich auch Ihre intuitiven Entscheidungen. Ihre Erklärung für eine intuitiv positive Entscheidung könnte im Nachhinein lauten: „Das klang alles überzeugend.“ Oder für eine negative: „Das hörte sich nicht so gut an.“

Tipp: Zwischentöne
Menschen mit stark ausgeprägter akustischer Wahrnehmung hören auch die feinen Zwischentöne und können die Befindlichkeit ihres Gegenübers am Klang der Worte erkennen, auch wenn der Inhalt etwas ganz anderes vermitteln möchte. Achten Sie also auf die Zwischentöne.
Ein kleines Beispiel: Auf einem Flohmarkt entdecken Sie einen DVD-Player. Ihrer hat letzte Woche den Geist aufgegeben – aber ob das Schnäppchen, das vom Verkäufer in den höchsten Tönen angepriesen wird, auch tatsächlich funktionstüchtig ist? Als akustisch empfindsamer Mensch werden Sie sensibel auf den Klang der Stimme, die Wahl der Formulierungen sowie den Tonfall des Händlers achten, und Dichtung von Wahrheit zu unterscheiden wissen.

Haptische Ausrichtung: Sie geben dem Gefühlten den Vorrang, wobei es hier sowohl um die haptische Wahrnehmung als auch um das emotional Gefühlte gehen kann. In Ihren Formulierungen finden sich Wendungen wie „Fühlst du dich besser?“ als Frage an den verschnupften Kollegen oder beim Gedanken an eine anstehende ungeliebte Aufgabe Äußerungen wie „Wenn ich an das kommende Projekt denke, dreht sich mir jetzt schon der Magen um“. Die haptische Prägung beeinflusst natürlich auch Ihre intuitiven Entscheidungen. Ihre Erklärung für eine intuitiv positive Entscheidung könnte lauten: „Das fühlte sich alles so gut an.“ Oder für eine negative: „Das passte mir irgendwie nicht.“

Tipp: Fühlen Sie nach
Eine starke haptische Ausprägung in der Wahrnehmung äußert sich häufig in körperlichen Reaktionen. „Fühlt" sich eine Entscheidung nicht gut an, kann der Mensch mit der stark ausgeprägten haptischen Wahrnehmung es häufig körperlich spüren. Ein Schauer, der einem über den Rücken läuft, ein unbehagliches Drehen des Kopfes, ein leichtes Schütteln und Sichwinden.
Haptisch orientierte Menschen sind in der Wahrnehmung sehr körperlich und tun gut daran, sich ihre körperlichen Reaktionen bewusst zu machen. Bei Entscheidungen hilft es, nachzuspüren, wie sich Möglichkeit A oder B anfühlt.

Was wir wahrnehmen, ist also individuell und abhängig von unserer Wahrnehmungsprägung. Haben wir keine starke visuelle Prägung, sondern eine auditive, interessieren wir uns nicht für schickes balinesisches Interieur und wären auch mit grauem PVC-Boden zufrieden, würden dafür aber das Plätschern des Springbrunnens und die Entspannungsmusik stärker wahrnehmen als Menschen mit einer anderen Wahrnehmungsdisposition.

Unsere Sinne sagen intuitiv „Stop" oder „Go"

Je nach Ausprägung unserer Wahrnehmungsformen sendet uns unsere Intuition Signale. Auf diese sollten Sie gut achten, denn schließlich basieren sie auf Ihren Wahrnehmungsstärken – hier sind Sie der Experte. Noch bevor Ihre Logik erklären kann, warum Sie etwas mögen oder ablehnen, etwas tun oder lassen wollen, hat Ihnen Ihre Intuition schon den entscheidenden Wink gegeben. Meist bedient sie sich der Begrifflichkeiten unserer Wahrnehmungsausprägung. Achten Sie einmal darauf.

Beispiel: Visuell geprägte Reaktionen

Sie wollen beim Gebrauchtwagenhändler ein Auto kaufen.
„Der Wagen ist perfekt für Sie", so der Händler.
„Das sehe ich anders", denken Sie. Sie brauchen kein Mechaniker zu sein, um das intuitive Signal zu erkennen: Stopp! Sie hätten kein gutes Gefühl bei dem Kauf.
Sagt Ihnen Ihre Intuition hingegen: „Ich sehe mich schon mit dem Auto nächstes Wochenende ans Meer fahren", dann brauchen Sie keine weitere Expertenmeinung. Sie haben ein gutes Gefühl bei dem Kauf.

Nun geht kaum jemand völlig unvorbereitet ein Auto kaufen, sondern man macht sich zuvor Gedanken über Anschaffungskosten und Benzinverbrauch, Innenausstattung und Farbe, Automatik oder Gangschaltung. Doch wenn man nicht gerade Mechaniker oder zumindest Hobbyschrauber ist, ist man beim Gebrauchtwagenkauf auch auf seine Intuition angewiesen. Unsere Erfahrungen, unser Wissen und unsere Wahrnehmung spielen für unsere intuitive Entscheidung eine große Rolle.

Beispiel: Akustisch geprägte Reaktionen

Ihnen wird ein neuer Job angeboten. Sie würden mehr Geld verdienen, müssten allerdings in eine andere Stadt ziehen. Lautet Ihr erster Gedanke: „Das klingt ja nicht grade verlockend", sollten Sie sich vor dem Vorstellungsgespräch genau überlegen, was Sie überzeugen könnte, die Stelle doch anzutreten.
Denken Sie aber: „Das hört sich ja spannend an", sind Sie mental praktisch schon dabei, Ihre Koffer zu packen.

Bei der Entscheidung, für einen neuen Job die Stadt zu wechseln, erstellen viele Menschen Pro-und-Kontra-Listen mit Argumenten, auch wenn sich ihre Intuition längst zu Wort gemeldet hat. Falls die Intuition gegen die neue Option spricht, wird auch dann ein Gefühl der Unsicherheit bleiben, wenn sie mehr Argumente dafür gefunden haben und auf der Kontra-Seite nur steht: „Ich möchte eigentlich gar nicht umziehen."

Beispiel: Haptisch geprägte Reaktionen

Sie sollen ein Projekt leiten, trauen es sich aber fachlich noch nicht ganz zu. Sagt Ihre Intuition: „Ich glaub, ich pack das nicht", ist sicher Vorsicht geboten und das intuitive Signal steht auf Stopp.
Trauen Sie sich die Aufgabe aber zu, dann wird Ihnen Ihre Intuition sicher sagen: „Das hab ich locker im Griff!"

Tipp: Vertrauen Sie Ihrer Wahrnehmung

Intuitiv wissen wir meist sehr gut, was wir uns zutrauen können und was nicht – welche Aufgaben sich vielleicht schwer, aber nicht unlösbar anfühlen und welche Aufgaben uns garantiert überfordern. Hören Sie auf Ihre Intuition, egal, in welcher Wahrnehmungssprache sie sich auch äußert: visuell, akustisch oder haptisch.

Stärken Sie Ihre Wahrnehmung

Nachdem Sie nun herausgefunden haben, wo die Stärken Ihrer Wahrnehmung liegen, machen Sie folgende Übungen, um die anderen, noch nicht so stark ausgeprägten Sinneskanäle zu fördern. Je mehr Sinneseindrücke Sie speichern können, desto mehr Fakten und Informationen stehen Ihnen zur Verfügung – und auf diese greift Ihre Intuition zurück. Auch das ist ein Weg, um Ihre intuitiven Fähigkeiten zu trainieren.

Übung 2: Ein Tag für die Sinne

Nehmen Sie sich die Zeit und deklarieren Sie einen Tag zu einem Sinnestag. Am besten eignet sich einer, an dem Sie nicht arbeiten müssen. Notieren Sie die Eindrücke, die Sie machen. Analysieren Sie anschließend: Welche Wahrnehmungen fielen Ihnen leicht? Welche Wahrnehmungen haben Sie überrascht? Welche Wahrnehmungen haben Ihnen neue Perspektiven oder Erkenntnisse eröffnet? Durch diese Übung und die Reflexion Ihrer Notizen schulen Sie Ihre anderen Sinneskanäle. Die Aktivierung aller Sinneskanäle macht Ihre intuitiven Entscheidungen noch treffsicherer:

- **Der visuelle Tag:** Nehmen Sie Ihre Umwelt heute ganz bewusst visuell wahr. Beobachten Sie Details, die Ihnen sonst entgehen: der abgeblätterte Lack an einem Treppengeländer, die Farbe einer Hausfassade, die Struktur einer Oberfläche.
- **Der akustische Tag:** Nehmen Sie einen Tag lang Ihre Umwelt ganz bewusst akustisch wahr. Wie hört es sich an, wenn Sie mit der Hand übers Bettlaken streichen oder den Kaffee umrühren, wie klingt der Schrittrhythmus von Passanten, der Regen an der Fensterscheibe?
- **Der haptische Tag:** Nehmen Sie einen Tag lang alles intensiv haptisch wahr. Berühren Sie die Dinge, die Sie umgeben, bewusst: den Sofastoff unter Ihren Händen, die glatte Oberfläche in der Küche, ein Stück Holz, eine verputzte Hausfassade. Spüren Sie den Waldboden unter Ihren Füßen, den Wind auf Ihrer Haut.
- **Der gustatorische Tag:** Nehmen Sie einen Tag lang ganz bewusst gustatorisch wahr. Stürzen Sie den Kaffee nicht herunter, sondern konzentrieren Sie sich auf das Aroma. Schmecken Sie die Luft beim Spazierengehen oder probieren Sie ein ethnisches Restaurant aus, dessen Küche Sie noch nicht kennen.
- **Der olfaktorische Tag:** Nehmen Sie einen Tag lang Ihre Umwelt ganz bewusst olfaktorisch wahr. Atmen Sie das Aroma des Kaffees tief ein, bevor Sie ihn trinken. Riechen Sie die Druckerschwärze der Tageszeitung? Riechen Sie die Blumen, den nassen Asphalt? Gehen Sie in ein Fischgeschäft, einen Teeladen, eine Parfümerie, einen Buchladen. Begeben Sie sich schnuppernd auf die Reise und notieren Sie Ihre Eindrücke.

Durch die bewusste Konzentration auf einen bisher noch nicht so stark in Anspruch genommenen Sinneskanal werden sich Ihnen ganz neue Perspektiven eröffnen. Versuchen Sie nun im nächsten Schritt, die Wahrnehmungen der Sinneskanäle miteinander zu verbinden.

Übung 3: Erfassen Sie den Raum mit allen Sinnen

Diese Übung können Sie sowohl im Büro als auch zu Hause oder auf Reisen im Hotel machen. Wir konzentrieren uns im ersten Schritt auf die drei am stärksten verbreiteten Wahrnehmungsformen.
Betrachten Sie den Raum, in dem Sie sich befinden. Was nehmen Sie wahr? Beschreiben Sie Ihre Wahrnehmung laut:

- Ich sehe ...
- Ich höre ...
- Ich fühle ...

Wiederholen Sie die Übung aus verschiedenen Perspektiven oder bewegen Sie sich während der Übung durch den Raum und berühren Sie die Gegenstände, um sie genauer beschreiben zu können.

Wenn Sie diese Übung zu Hause machen, werden Sie feststellen, wie anders Sie Ihre doch so gewohnte Umgebung auf einmal wahrnehmen. Sie hören das Geräusch, das entsteht, wenn Sie den Vorhang schließen, fühlen die kühle Glätte der Fensterscheibe und sehen die kleinen Farbabweichungen an der Wand.

Übung 4: Erfassen Sie Details

In der folgenden Übung nehmen Sie sich einen einzelnen Gegenstand vor, auf den Sie sich drei Minuten konzentrieren. Stellen Sie sich für diese Übung bitte eine Uhr.
Der Gegenstand kann zum Beispiel eine leere Kaffeekanne sein:

- Schauen Sie sich die Kaffeekanne von allen Seiten an. Kommentieren Sie, was Sie sehen.
- Klopfen Sie leicht gegen die Kanne, entstehen an verschiedenen Stellen unterschiedliche Geräusche?
- Ertasten Sie die Kanne, die Wölbungen und Kurven. Fühlt sich das Material überall gleich an?

Nahrung für Ihre Intuition

Ihre Wahrnehmung nährt Ihr bewusstes Wissen, aber auch Ihr Unterbewusstsein und ist somit eine wichtige Wissensgrundlage für die Intuition, die sich dieses bewusste und unbewusste Wissen zunutze macht. Die verschiedenen Sinne haben eine unterschiedliche Aufnahmekapazität: So können visuell etwa zehn Millionen Bit Informationen pro Sekunde aufgenommen werden. Beim Tastsinn sind es eine Million und über Gehör und Geruch jeweils rund 100.000 Bit. Schlusslicht ist der Geschmackssinn mit zirka 1.000 Bit. Ihrer Intuition stehen alle aufgenommenen Informationen zur Verfügung – öffnen Sie daher Ihre Sinneskanäle!

Zweiter Schritt: So stärken Sie Ihre Stärken – der große Typentest

Nachdem Sie nun Ihren Wahrnehmungsschwerpunkt ermittelt haben, geht es im folgenden Schritt darum, sich der eigenen Stärken bewusst zu werden, durch die Sie Ihre Intuitionsfähigkeit gezielt fördern können. Die jeweiligen Tipps werden Sie dabei unterstützen.

Viele Menschen fühlen sich überfordert, wenn sie ihre Stärken formulieren müssen, besonders dann, wenn sie es spontan tun sollen. Es ist schon schwer genug, sich für Vorstellungs- oder Personalgespräche auf diese Frage vorzubereiten. Da wird gern mal gegoogelt oder nachgeschlagen, was bei Vorgesetzten und der Personalabteilung gut ankommen könnte, und das trägt man dann vor. Oder Freunde, Familienmitglieder und Kollegen werden vorsichtig befragt und um ein Feedback gebeten. Dabei empfindet man die Antworten meist als unangenehm, denn entweder muss man feststellen, dass die Befragten die eigene Person gar nicht so gut kennen, oder man schämt sich ob der eingeforderten Lobhudelei und versucht, jeden genannten Pluspunkt mit mindestens drei Negativbeispielen abzuwerten.

Der Typentest: Wo liegen Ihre Stärken?

Eine Möglichkeit, sich seiner Stärken bewusst zu werden, ist der folgende Typentest. Mit seiner Hilfe lernen Sie Ihre Grunddisposition kennen und finden heraus, wo Ihre Stärken liegen und welche Potenziale sich daraus für Ihre Intuitionsfähigkeit ergeben. Zudem werden Sie erfahren, wo Sie sich selbst und Ihrer Intuition vielleicht noch im Wege stehen.

Der vom www.typentest.de-Autor Lars Lorber freundlicherweise zur Verfügung gestellte Test orientiert sich an den Persönlichkeitsmodellen (Typologie) MBTI (Myers-Briggs Type Indicator) und Socionics. Diese basieren jeweils auf den psychoanalytischen Erkenntnissen des Schweizer Arztes und Psychologen Carl Gustav Jung, der Anfang des 20. Jahrhunderts seine damals revolutionäre Theorie über psychologische Typen veröffentlichte.

Der MBTI wurde in den 1960er-Jahren von der Amerikanerin Isabel Briggs Myers auf der Grundlage von Jungs Erkenntnissen erstellt und in den 1980er- und 1990er-Jahren durch verschiedene amerikanische

Psychologen, wie zum Beispiel David Keirsey, weiterentwickelt. Seitdem gewann er zunehmend an Popularität und ist heute nicht nur der weltweit am weitesten verbreitete, sondern auch der anerkannteste Persönlichkeitstest.

Sie haben noch nie davon gehört? Kein Wunder, denn während der Test in den USA häufig bei der Partnersuche sowie von Management- und Karriereberatern eingesetzt wird, findet er bei uns in Deutschland – abgesehen vom Coaching-Bereich in Firmen – kaum Anwendung. Das liegt hauptsächlich daran, dass man auch im Deutschen die englischen Typenbezeichnungen und Begriffe verwendet, was das Ganze für viele kompliziert und undurchsichtig macht. Ein weiterer Grund ist, dass es hierzulande nur wenig Literatur und kaum Internetseiten zum Thema Typologie gibt.

Socionics (auf Deutsch: Sozionik) hat sich in den 1960er-Jahren – unabhängig vom MBTI – in der ehemaligen Sowjetunion entwickelt. Diese Theorie basiert ebenfalls auf Jungs Erkenntnissen, führt sie jedoch durch psychoanalytische Aspekte wesentlich weiter, als es beim MBTI der Fall ist. Socionics ist vor allem in Russland und der Ukraine populär, im deutschsprachigen Raum aber so gut wie gar nicht präsent, da alle Publikationen zum Thema auf Russisch verfasst sind. Es gibt nur wenige Übersetzungen, jedoch einige englische Webseiten zum Thema (Socionics hat übrigens nichts mit dem Begriff „Sozionik“ aus der Informatik zu tun).

Der hier vorgestellte Typentest nutzt die Stärken beider Systeme und ist dank des eigens dafür entwickelten Bezeichnungssystems leicht verständlich und anwendbar; www.typentest.de ist seit 2002 online und wird kontinuierlich erweitert und verbessert.
Auch wenn es schwer fällt, entscheiden Sie sich pro Testteil nur für einen der beiden Aussagekästen. Notieren Sie sich den Anfangsbuchstaben, zum Beispiel „E“ für „Extrovertiert“ bei Teil 1.

Typentest – Teil 1

Treffen eher diese Aussagen auf Sie zu?

Extrovertiert

- Mit anderen Leuten zusammen zu sein gibt mir Energie.
- Ich bin gesprächig und ergreife meist die Initiative.
- Ich teile persönlichen Raum und Zeit meist problemlos mit anderen.
- Ich würde mich als kontaktfreudig bezeichnen.

Oder diese?

Introvertiert

- Mich mit mir selbst zu beschäftigen gibt mir Energie.
- Ich bin eher ruhig und werde von anderen angesprochen.
- Wenn ich neue Beziehungen beginne, bin ich eher vorsichtig.
- Ich brauche meinen eigenen persönlichen Raum und viel Zeit für mich allein.
- Ich würde mich als zurückhaltend oder schüchtern bezeichnen.

Typentest – Teil 2

Treffen eher diese Aussagen auf Sie zu?

Praktisch

- Ich handle meist praktisch und sinnvoll.
- Ich sehe Beziehungen realistisch, oft pessimistisch.
- Ich ärgere mich, wenn Dinge dem Zufall überlassen werden.
- Ich achte meist auf den praktischen Nutzen.
- Ich bevorzuge praktische Arbeit.

Oder diese?

Theoretisch

- Ich handle meist intuitiv nach meinen Vorstellungen.
- Ich sehe Beziehungen optimistisch, oft unrealistisch.
- Ich ärgere mich, wenn Dinge zu genau festgelegt sind.
- Ich achte meist auf Möglichkeiten und Herausforderungen.
- Ich bevorzuge innovative Arbeit.

Typentest – Teil 3

Treffen eher diese Aussagen auf Sie zu?

Logisch

- Ich entscheide meist logisch.
- Ich lasse mich selten von harten Worten verletzen.
- Ich bemerke unlogisches Denken oder Verhalten anderer.
- Ich sehe eher die Fehler anderer Menschen.
- Ich bedenke den Nutzen einer Entscheidung.

Oder diese?

Fühlend

- Ich entscheide meist nach Gefühl.
- Harte Worte verletzen mich leicht.
- Ich bemerke es, wenn andere Unterstützung brauchen.
- Ich sehe eher die positiven Seiten anderer Menschen.
- Ich bedenke, wie sich eine Entscheidung auf mich und andere auswirkt.

Typentest – Teil 4

Treffen eher diese Aussagen auf Sie zu?

Geplant

- Ich plane meinen Alltag gern im Voraus.
- Ich mache Termine und halte sie auch ein.
- Das Leben sollte eher organisiert und geplant sein.
- Ich fälle lieber frühzeitig klare Entscheidungen.
- Ich bringe das, was ich angefangen, habe auch zu Ende.

Oder diese?

Spontan

- Ich lasse die Dinge einfach auf mich zukommen.
- Ich mache ungern Termine und verpasse sie oft.
- Das Leben sollte eher spontan und flexibel sein.
- Ich halte mir lieber alle Möglichkeiten offen.
- Ich fange oftmals etwas Neues an, ohne das Alte zuerst abzuschließen.

Auswertung: So stärken Sie Ihre Stärken

Setzen Sie die Anfangsbuchstaben der jeweils auf Sie zutreffenden Adjektive hintereinander und Sie erhalten das Buchstabenkürzel für Ihren Typen, zum Beispiel ETFS, IPLG oder EPLS.

EPLS/MACHER

Der EPLS/Macher gehört zur Gruppe der Aktionisten. Er agiert *extrovertiert*, denkt *praktisch*, entscheidet *logisch*, lebt *spontan*. Seine Eigenschaften: entschlossen, energiegeladen, direkt, praktisch, objektiv, optimistisch, kontaktfreudig, logisch, selbstsicher, aufmerksam, risikofreudig, fröhlich, spontan, improvisiert gern.

Beschreibung: Macher sind Menschen der Tat. Sie stehen stets mit beiden Beinen auf dem Boden, sind sehr realitätsnah und leben im Hier und Jetzt. Essenziell für sie ist, ständig in Bewegung zu sein und etwas Neues zu erleben.

Bevorzugte Berufe für Macher sind zum Beispiel: Feuerwehrmann, Händler, Ingenieur, Mechaniker, Polizist, Sanitäter, Sportler, Techniker, Unternehmer, Vertreter.

Der Macher und seine Intuition: Seine Selbstsicherheit gibt dem Macher den Mut für intuitive Entscheidungen. Er ist jemand, der nicht lange fackelt, sondern lieber spontan entscheidet – ganz seiner Intuition folgend. Seine Risikofreude und sein Optimismus nehmen ihm die Angst vor möglichen Fehlentscheidungen. „Wird schon schiefgehen", ist sein Credo und so hat der Macher bereits viele positive Intuitionserfahrungen sammeln können.

Fazit: Weiter so!

Ihre sehr gut ausgeprägte Intuitionsfähigkeit machen Sie sich unbewusst oft zunutze.
Nutzen Sie diese Stärke und reflektieren Sie Ihre intuitiven Entscheidungen bewusst – so können Sie erkennen, wo genau Ihre Stärken in Wahrnehmung und Reflexion liegen. Schöpfen Sie aus diesem Bewusstsein die Sicherheit, intuitiv schnell und richtig entscheiden zu können.

EPFS/ENTERTAINER

Der EPFS/Entertainer gehört ebenfalls zur Gruppe der Aktionisten. Er agiert *extrovertiert*, denkt *praktisch*, entscheidet *fühlend*, lebt *spontan*. Seine Eigenschaften: enthusiastisch, kontaktfreudig, freundlich, ver-

spielt, lebhaft, gesprächig, locker, tolerant, selbstsicher, fröhlich, angenehm, freigebig, flexibel, praktisch, spontan.
Beschreibung: Entertainer stehen gern im Mittelpunkt der Aufmerksamkeit. Sie leben für den Moment, lieben das Leben und wollen jede Sekunde auskosten. Essenziell für sie sind ihre vielen Aktivitäten mit und in ihrem riesigen Freundes- und Bekanntenkreis.
Bevorzugte Berufe für Entertainer sind zum Beispiel: Designer, Dekorateur, Kindergärtner, Koch, Künstler, Musiker, Politiker, Schauspieler, Sozialarbeiter, Stewardess, Trainer, Verkäufer.
Der Entertainer und seine Intuition: Für den Entertainer ist seine Intuitionsfähigkeit essenziell und er nutzt sie ständig. Er nimmt gern mit allen Sinnen wahr, saugt Reaktionen regelrecht in sich auf und reagiert spontan. Nicht immer reflektiert der Entertainer jedoch, ob er mit seiner Intuition richtig lag. Dies kann ihm aber helfen, Erfahrungen – auch negative – besser abzuspeichern und diese seiner Intuition zugute kommen zu lassen.

Fazit: Reflektieren Sie
Reflektieren Sie öfter über Ihre intuitiven Entscheidungen. Dadurch können Sie als Entertainer-Typ an Souveränität und Sicherheit gewinnen und Ihre Intuitionsfähigkeit noch ausbauen. Als Entertainer schenken Sie vor allem Ihren Erfolgen Aufmerksamkeit. Wichtig ist es aber auch, die Misserfolge zu analysieren, auch wenn das nicht grade Ihrem Ego schmeichelt. Wann hat Sie Ihre Intuition schon mal in die Irre geführt? Welche alternativen Entscheidungsmöglichkeiten hätten Ihnen zur Verfügung gestanden und warum haben Sie anders entschieden?

IPLS/HANDWERKER

Der IPLS/Handwerker gehört ebenfalls zur Gruppe der Aktionisten. Er agiert *introvertiert*, denkt *praktisch*, entscheidet *logisch*, lebt *spontan*. Seine Eigenschaften: neugierig, abenteuerlich, sachlich, spontan, logisch, praktisch, entschlossen, selbstständig, zurückhaltend, analytisch, optimistisch, individualistisch, kühl, ruhig, verschlossen, direkt.
Beschreibung: Handwerker beschäftigen sich am liebsten mit physischen Dingen, sie wirken oftmals distanziert und beobachten gern. Essenziell für sie ist, für den Moment zu leben und herauszufinden, wie die Welt um sie herum funktioniert.

Bevorzugte Berufe für Handwerker sind zum Beispiel: Bauarbeiter, Buchhalter, Handwerker, Ingenieur, Feuerwehrmann, Landwirt, Mechaniker, Pilot, Polizist, Sanitäter, Schreiner, Sportler, Techniker.
Der Handwerker und seine Intuition: Der Handwerker ist durchaus zu intuitiven Entscheidungen fähig. Allerdings verargumentiert er sie gern im Nachhinein – und sei es nur vor sich selbst, um seiner sachlichen und analytischen Seite Rechnung zu tragen. Der Handwerker kann lernen, noch stärker auf seine Intuition zu vertrauen, wenn er sich vor Augen führt, als wie treffsicher sich seine Intuition in der Vergangenheit erwiesen hat.

Fazit: Erkennen Sie Ihre Erfolge an
So häufig Sie als Handwerker-Typ mit Ihrer Intuition auch bereits ins Schwarze getroffen haben, Sie suchen dennoch immer nach rationalen Argumenten, mit denen Sie Ihre „Bauchentscheidung" rechtfertigen. Sie können viel Zeit sparen, indem Sie sich grundsätzlich bewusst machen, wie häufig Sie mit Ihren intuitiven Entscheidungen richtig lagen. Anstatt Begründungen zu sammeln für Entscheidungen, die Sie längst getroffen haben, sollten Sie sich lieber Ihre Treffsicherheit vor Augen halten. Auf diese Weise lernen Sie, Ihrer Intuition stärker zu vertrauen.

IPFS/GENIESSER

Auch der IPFS/Genießer gehört zur Gruppe der Aktionisten. Er agiert *introvertiert*, denkt *praktisch*, entscheidet *fühlend*, lebt *spontan*. Seine Eigenschaften: harmoniebedürftig, spontan, sensibel, zurückhaltend, sanft, gutmütig, praktisch, einfühlsam, freundlich, verspielt, heiter, locker, neugierig, loyal.
Beschreibung: Genießer nehmen die Dinge, wie sie sind, und kosten den Moment aus. Sie wirken heiter und haben einen guten Sinn für Ästhetik. Essenziell für sie ist, ihre Sinneseindrücke und das Schöne im Leben zu genießen.
Bevorzugte Berufe für Genießer sind zum Beispiel: Biologe, Dekorateur, Designer, Erzieher, Förster, Kinderarzt, Kindergärtnerin, Koch, Kosmetiker, Künstler, Mechaniker, Musiker, Sozialarbeiter, Tierarzt.
Der Genießer und seine Intuition: Der Genießer ist mit seinen Sinnen bestens vertraut und verlässt sich auf seine Wahrnehmung. Er muss nicht jede Entscheidung erklären können und agiert gern intuitiv. Er

ist einfühlsam und neugierig und verfügt damit über zwei Eigenschaften, die seiner Intuition zugute kommen. Als gutem Beobachter fällt es ihm leicht, Menschen und Situationen zu lesen und intuitiv die richtige Entscheidung zu treffen.

Fazit: Auf dem richtigen Kurs!
Als Genießer setzen Sie Ihre Intuitionsfähigkeit bei Entscheidungsfindungen bereits sehr gut ein. Sie nutzen Ihre Intuition als Warnsystem und vertrauen ihr. Die linke und rechte Hemisphäre Ihres Gehirns befinden sich in regem Austausch. Das sollte so bleiben. Sie tun gut daran, sich diese Stärken bewusst vor Augen zu führen, um noch stärker davon profitieren zu können.

EPLG/DIREKTOR

Der EPLG/Direktor gehört zur Gruppe der Traditionalisten. Er agiert *extrovertiert*, denkt *praktisch*, entscheidet *logisch*, lebt *geplant*. Seine Eigenschaften: praktisch, direkt, strukturiert, gewissenhaft, logisch, verantwortungsvoll, selbstsicher, kritisch, ehrlich, ordentlich, verlässlich, realistisch, bodenständig.

Beschreibung: Direktoren haben gern die Kontrolle über sich und ihre Umgebung. Aktiv und selbstsicher, wie sie sind, übernehmen sie oft die Rolle des Anführers. Essenziell für sie sind Sicherheit für die Familie und soziale Ordnung.

Bevorzugte Berufe für Direktoren sind zum Beispiel: Beamter, Lehrer, Manager, Offizier, Politiker, Polizist, Richter, Unternehmer, Verkäufer, Vertreter, Verwalter.

Der Direktor und seine Intuition: Dem Direktor würde eine große Portion Intuition guttun. Er verlässt sich jedoch lieber auf seine linke, rationale Gehirnhälfte. Direktoren mit viel Lebenserfahrung lernen später, intuitiv zu entscheiden, wenn sie sich lange genug versichert haben, dass ihr Wissen und ihre Erfahrung ausreichen, um das große Ganze mit einem Blick zu erfassen. Denn den Überblick behält der Direktor gern. Ihm kann es helfen, sich der Stärken seiner rechten Gehirnhälfte, die das große Ganze erfasst, bewusst zu werden und seine Intuition gezielt einzusetzen. So kann er nach und nach mehr Vertrauen in seine Intuitionsfähigkeit erlangen und erreicht schneller, was ihm wichtig ist: Souveränität.

Fazit: So bekommen Sie den Überblick
Für Sie als Direktor zählen vor allem Argumente und Logik. Daher sollten Sie sich mit dem Thema Intuition sachlich auseinandersetzen. Dann werden Sie erkennen, dass Ihre Intuitionsfähigkeit kein unerklärlicher Hokuspokus ist, sondern eine Kompetenz, auf die Sie bauen dürfen.

EPFG/GASTGEBER
Der EPFG/Gastgeber gehört ebenfalls zur Gruppe der Traditionalisten. Er agiert *extrovertiert*, denkt *praktisch*, entscheidet *fühlend*, lebt *geplant*. Seine Eigenschaften: emotional, enthusiastisch, kontaktfreudig, traditionell, praktisch, loyal, hilfsbereit, hingebungsvoll, zuverlässig, fürsorglich, sachlich, gründlich, organisiert, freundlich.
Beschreibung: Gastgeber lieben es, für andere da zu sein. Sie sind aktiv, gehen gern mit Menschen um und behandeln jeden wie einen Freund. Essenziell für sie ist, geschätzt, geliebt und gebraucht zu werden.
Bevorzugte Berufe für Gastgeber sind zum Beispiel: Administrator, Caterer, Friseur, Hausarzt, Kindergärtnerin, Pfleger, Koch, Krankenschwester, Grundschullehrer, Sekretär, Sozialarbeiter, Stewardess, Verkäufer.
Der Gastgeber und seine Intuition: Der Gastgeber hat ein hervorragendes Gespür für sein Gegenüber und weiß intuitiv, womit er ihm gerade etwas Gutes tun kann. Allerdings sollte er seine Intuitionsfähigkeit, mit der er die Bedürfnisse anderer sofort erfasst, auch für sich selbst nutzen lernen und stärker auf seine Intuition hören, wenn diese sich mit einem klaren „Stopp" meldet. Wird der Gastgeber nämlich um etwas gebeten, was er eigentlich nicht tun möchte, fällt es ihm oft schwer, Nein zu sagen, auch wenn seine Intuition ihm ganz deutlich hierzu rät.

Fazit: Nutzen Sie Ihre Intuition für sich!
Eigentlich sind Sie als Gastgeber-Typ bereits ein Meister der Intuition – wenn es um die Bedürfnisse anderer geht. Sie tun gut daran, Ihre starke Intuitionsfähigkeit auch für sich selbst zu nutzen und besser auf die Alarmsignale Ihrer Intuition zu hören. Sie kann Ihnen als zuverlässiger Ratgeber dienen und Sie davor schützen, sich ausnutzen zu lassen. Sagen Sie Nein, wenn Ihre Intuition „Stopp!" ruft.

IPLG/INSPEKTOR

Auch der IPLG/Inspektor gehört zur Gruppe der Traditionalisten. Er agiert *introvertiert*, denkt *praktisch*, entscheidet *logisch*, lebt *geplant*. Seine Eigenschaften: organisiert, beharrlich, logisch, praktisch, sachlich, ordentlich, pflichtbewusst, zurückhaltend, verlässlich, loyal, friedliebend, vernünftig, bodenständig, reserviert, vorsichtig.

Beschreibung: Inspektoren nehmen alles ganz genau und absolut wörtlich. Sie vertrauen ganz auf ihre praktischen Erfahrungen und ihr Wissen. Sicherheit, Struktur und Routine sind essenziell für sie.

Bevorzugte Berufe für Inspektoren sind zum Beispiel: Administrator, Anwalt, Bankkaufmann, Beamter, Bibliothekar, Buchhalter, Jurist, Kontrolleur, Mechaniker, Techniker, Polizist, Richter, Verwalter, Zahnarzt.

Der Inspektor und seine Intuition: Für den Inspektor zählt das, was er weiß, was er gelernt, erfahren, erlebt hat. Er hält sich gern an Fakten und liebt Details. Seiner Intuition steht er zumeist skeptisch gegenüber, kann er dieses „Bauchgefühl" doch nicht rational einordnen. Der Inspektor kann jedoch lernen, Schritt für Schritt seiner Intuition zu vertrauen, indem er sich bewusst macht, dass seine Intuition nicht „irgend so ein Gefühl ist", sondern genau auf dem basiert, was er gelernt, erfahren und erlebt hat. Zudem sollte er sich vor Augen führen, dass seine Intuition einen blitzschnellen Zugriff auf alle bewusst und auf alle unbewusst gespeicherten Erfahrungswerte hat.

Fazit: Die Intuition ist rationaler, als Sie dachten!
Als Inspektor kann es Ihnen sehr helfen, sich damit auseinanderzusetzen, wie Ihre Intuition entsteht. Kenntnisse über die neurologischen Vorgänge und das Erkennen der Stärken der Intuition sind für Sie eine wichtige Basis, um der Intuition das nötige und gerechtfertigte Vertrauen entgegenzubringen.

IPFG/FÜRSORGER

Zur Gruppe der Traditionalisten gehört auch der IPFG/Fürsorger. Er agiert *introvertiert*, denkt *praktisch*, entscheidet *fühlend*, lebt *geplant*. Seine Eigenschaften: sorgsam, gutmütig, hingebungsvoll, freundlich, traditionell, loyal, rücksichtsvoll, zuverlässig, pflichtbewusst, praktisch, liebevoll, zurückhaltend, ruhig, sensibel.

Beschreibung: Fürsorger lieben es, andere zu unterstützen oder zu umsorgen. Sie sind zurückhaltend, realistisch, herzlich und verantwor-

tungsbewusst. Der Gefühle anderer und ihrer eigenen sind sie sich stets sehr bewusst. Essenziell für sie ist, sich darauf zu konzentrieren, was ihre Umgebung, Familie und Freunde brauchen, und ihnen dabei zu helfen.
Bevorzugte Berufe für Fürsorger sind zum Beispiel: Administrator, Buchhalter, Erzieher, Grundschullehrer, Innenraumdekorateur, Kindergärtnerin, Krankenschwester, Arzt, Sekretärin, Sozialarbeiter, Verkäufer.
Der Fürsorger und seine Intuition: Für den Fürsorger zählt seine gute Intuitionsfähigkeit vor allem im zwischenmenschlichen Bereich. Seine Antennen sind ganz und gar auf Empfang gestellt, wenn es um die emotionalen Bedürfnisse anderer geht. Auch mit seinen eigenen Emotionen ist der Fürsorger in engem Kontakt, er nutzt seine Intuition aber gerade bei größeren Entscheidungen oft zu wenig.

Fazit: Die Intuition unterstützt Sie bei Entscheidungen
Sosehr Sie als Fürsorger-Typ bei privaten und emotionalen Belangen auf Ihre Intuition vertrauen, sosehr versuchen Sie, Entscheidungen mit größerer Tragweite über Ihre Ratio zu treffen. Sie können von Ihrer starken Intuitionsfähigkeit profitieren, indem Sie auch bei wichtigen Entscheidungen auf Ihr Bauchgefühl hören, anstatt Pro-und-Kontra-Listen anzufertigen, die Sie am Ende doch nicht überzeugen.

ETFS/KOMIKER

Der ETFS/Komiker gehört zur Gruppe der Idealisten. Er agiert *extrovertiert*, denkt *theoretisch*, entscheidet *fühlend*, lebt *spontan*. Seine Eigenschaften: spontan, emotional, locker, freundlich, optimistisch, charmant, enthusiastisch, hilfsbereit, selbstständig, individualistisch, kreativ, lebhaft.
Beschreibung: Komiker stehen gern im Mittelpunkt und sind oft wie große Kinder. Sie sind neugierig, energiegeladen, charmant und kreativ. Sie lieben die Interaktion mit anderen und finden überall neue Freunde. Essenziell für sie ist es, über ihre vielen Möglichkeiten und Ideen zu reden und sie umzusetzen.
Bevorzugte Berufe für Komiker sind zum Beispiel: Berater, Computerspezialist, Lehrer, Journalist, Politiker, Psychologe, TV-Reporter, Schauspieler, Unternehmer, Wissenschaftler.

Der Komiker und seine Intuition: Der Komiker hat einen sehr guten Draht zu seiner Intuitionsfähigkeit, hofft jedoch stets, die Bestätigung, dass er damit tatsächlich richtig liegt, von außen zu bekommen. Seine Entscheidungen sind meist intuitiv und er trifft sie vor allem sehr schnell – manchmal etwas voreilig.

Fazit: Einmal darüber schlafen
Durch Ihre spontane und enthusiastische Art sind Sie als Komiker-Typ ein Freund von schnellen Entschlüssen. Sie hören fast ausschließlich auf Ihre Intuition. Grundsätzlich ist das eine gute Sache, doch gerade dann, wenn die Intuition widersprüchliche Signale sendet, sollten Sie eine Nacht über wichtige Entscheidungen schlafen.

ETFG/LEHRER
Auch der ETFG/Lehrer gehört zur Gruppe der Idealisten. Er agiert *extrovertiert*, denkt *theoretisch*, entscheidet *fühlend*, lebt *geplant*. Seine Eigenschaften: emotional, enthusiastisch, verantwortungsvoll, redegewandt, hilfsbereit, loyal, diplomatisch, engagiert, freundlich, inspirierend.
Beschreibung: Lehrer bringen stets das Beste in den Menschen zum Vorschein. Sie sind enthusiastisch, freundlich, emotional und verantwortungsvoll. Sie haben ein sonniges Gemüt und stets gute Laune im Umgang mit Menschen. Ihre Beziehungen zu anderen sind essenziell für sie.
Bevorzugte Berufe für Lehrer sind zum Beispiel: Autor, Berater, Diplomat, Lehrer, Manager, Politiker, Psychologe, Schauspieler, Sozialarbeiter, Verkäufer.
Der Lehrer und seine Intuition: Zwar denkt der Lehrer theoretisch, doch hindert ihn das nicht daran, intuitiv zu handeln. Allerdings mag er im Gegensatz zum Komiker keine spontanen Entscheidungen, sondern schläft lieber noch eine Nacht darüber – um aber dann am nächsten Morgen voll und ganz auf sein Bauchgefühl und seine Intuition zu vertrauen.

Fazit: Lagen Sie intuitiv richtig?
Als Lehrer-Typ trauen Sie eher selten dem ersten Impuls, den Ihnen Ihre Intuition sendet. Sie lassen sich für Ihre Entscheidungen lieber etwas mehr Zeit. Interessant für Sie ist herauszufinden, wie hoch letztlich die Trefferquote Ihrer spontanen, intuitiven Entscheidungen ist – und wie häufig es tatsächlich sinnvoll war, noch abzuwarten. So können Sie das Vertrauen in Ihre Intuition stärken.

ITFS/TRÄUMER

Der ITFS/Träumer gehört ebenfalls zur Gruppe der Idealisten. Er agiert *introvertiert*, denkt *theoretisch*, entscheidet *fühlend*, lebt *spontan*. Seine Eigenschaften: idealistisch, schwärmerisch, angenehm, zurückhaltend, freundlich, emotional, loyal, perfektionistisch, hilfsbereit, spontan, sensibel, kreativ.

Beschreibung: Träumer haben ihre eigene idealistische Sichtweise der Welt. Sie sind zurückhaltend, kreativ, sensibel und spontan. Sie lassen sich von ihrer Intuition leiten und haben eine enorme Vorstellungskraft. Sich im Einklang mit ihren persönlichen Werten selbst zu verwirklichen, ist essenziell für sie.

Bevorzugte Berufe für Träumer sind zum Beispiel: Autor, Berater, Journalist, Lehrer, Musiker, Psychiater, Psychologe, Schauspieler, Sozialarbeiter, Sozialwissenschaftler.

Der Träumer und seine Intuition: Der Träumer mag zwar in manchen Belangen ein wenig weltfremd sein, doch was seine Intuition angeht, so ist er Experte. Er kann sich auf sein Bauchgefühl verlassen; und sollte es ihn doch einmal trügen, wird er sofort analysieren, was sich bei ihm nicht im Gleichgewicht befindet oder ob sich seine Werte verschoben haben. Seine Sensibilität und seine Kreativität sind ein exzellenter Nährboden für eine gut funktionierende Intuition.

Fazit: Inspirieren Sie andere
Besser als der Träumer kann man kaum mit seiner Intuition in Kontakt sein. Da der Träumer häufig in einem Beruf arbeitet, der mit der Beratung anderer Menschen zu tun hat, kann er eine gute Inspiration sein, der eigenen Intuition näherzukommen und sie für sich und seine Entscheidungen zu nutzen. Lassen Sie andere an Ihrer Intuitionskompetenz teilhaben und bauen Sie somit Ihre Kompetenz auf diesem Gebiet noch weiter aus.

ITFG/PSYCHOLOGE

Zur Gruppe der Idealisten gehört auch der ITFG/Psychologe. Er agiert *introvertiert*, denkt *theoretisch*, entscheidet *fühlend* und lebt *geplant*. Seine Eigenschaften: einfühlend, friedliebend, empfindsam, harmonisch, ruhig, mitleidig, gewissenhaft, beharrlich, kompliziert, perfektionistisch, idealistisch, verlässlich.

Beschreibung: Psychologen erkennen instinktiv Gefühle und Beziehungen. Sie sind zurückhaltend, kompliziert, warmherzig und bedächtig. Sie wollen Harmonie in sich und ihrer Umgebung wecken. Im Einklang mit ihren Gefühlen zu sein und ihre hohen Prinzipien und Erwartungen zu erfüllen, ist essenziell für sie.

Bevorzugte Berufe für Psychologen sind zum Beispiel: Arzt, Berater, Erzieher, Heilpraktiker, Lehrer, Künstler, Musiker, Pfarrer, Psychiater, Psychologe, Sozialarbeiter, Wissenschaftler.

Der Psychologe und seine Intuition: Die Intuition der Psychologen funktioniert schon fast seismografisch und schickt auch das leiseste Signal in ihr Bewusstsein. Dort wird es dann sofort analysiert und ausgewertet. Das kann sich zu einem Fulltimejob entwickeln, was bei manchen Berufen, die der Psychologe gern wählt, durchaus sinnvoll ist. Wichtig ist für ihn jedoch, nicht nur andere, sondern auch sich selbst regelmäßig zu spiegeln.

Fazit: Lassen Sie es einfach mal sein

Durch Ihre hochempfindliche Wahrnehmung bekommen Sie stets Impulse von Ihrer Intuition gesendet. Wem geht es gerade nicht so gut, wem hat das Essen nicht geschmeckt, wer hat Sie vielleicht falsch verstanden?

Nutzen Sie Ihre empfindlichen Antennen jedoch nicht nur für andere, sondern auch für sich selbst und horchen Sie öfter in sich hinein. Manchmal müssen Sie sich auch um sich selbst und nicht nur um die Befindlichkeiten der anderen kümmern.

Sie sollten Ihrem intuitiven Impuls, alles sofort anzusprechen und auszudiskutieren, nicht immer nachgeben. Manchmal hat jemand auch einfach nur schlechte Laune und fängt sich von selbst wieder – und das umso schneller, je mehr man ihn in Ruhe lässt.

ETLS/ERFINDER

Der ETLS/Erfinder gehört zur Gruppe der Rationalisten. Er agiert *extrovertiert*, denkt *theoretisch*, entscheidet *logisch*, lebt *spontan*. Seine Eigenschaften: innovativ, offen, spontan, unabhängig, neugierig, energiegeladen, kontaktfreudig, unternehmenslustig, klug/gewitzt, analytisch, enthusiastisch, risikobereit, erfinderisch.

Beschreibung: Erfinder stecken voller neuer Ideen und Pläne. Sie sind enthusiastisch, kreativ, rational und flexibel. Sie sind sehr neugierig und überlegen sich stets, was möglich wäre. Andere von ihren Ideen zu überzeugen, etwas Neues auszuprobieren, zu entwickeln oder zu verbessern, ist essenziell für sie.

Bevorzugte Berufe für Erfinder sind zum Beispiel: Anwalt, Berater, Computerspezialist, Ingenieur, Politiker, Programmierer, Psychologe, Schauspieler, Unternehmer, Verkäufer, Wissenschaftler.

Der Erfinder und seine Intuition: Wie viel Intuition mit großen Erfindungen zu tun hat, können Sie im Kapitel „Lernen von den Genies" genauer nachlesen. Aber so viel sei schon mal verraten: Es gibt kaum eine bahnbrechende Erfindung, bei der die Intuition keine Rolle gespielt hat. Viele Wissenschaftler fördern ihre Intuition ganz gezielt durch Musik, Kunst, ein Nickerchen zur rechten Zeit oder einen Spaziergang an der frischen Luft.

> **Fazit: Locken Sie Ihre Intuition**
> Sie sollten aktiv dafür sorgen, dass sich Ihre Intuition entfalten kann. Gerade dann, wenn Sie bei Ihrer Arbeit an einem Punkt angelangt sind, an dem Sie nicht weiterkommen, ist es sinnvoll, sich mit etwas ganz anderem zu beschäftigen und das Unterbewusstsein für sich arbeiten zu lassen. Sie werden feststellen, dass Sie des Rätsels Lösung oftmals gerade dann ereilen wird, wenn Sie nicht bewusst darüber nachgrübeln.

ETLG/KOMMANDEUR

Ebenfalls zur Gruppe der Rationalisten gehört der ETLG/Kommandeur. Er agiert *extrovertiert*, denkt *theoretisch*, entscheidet *logisch*, lebt *geplant*. Seine Eigenschaften: selbstsicher, direkt, offen, hart, logisch, organisiert, entschlossen, ehrgeizig, geistreich, unabhängig, zielstrebig, strukturiert, kontaktfreudig, energiegeladen, engagiert.

Beschreibung: Kommandeure sind natürliche Anführer. Sie sind selbstsicher, kontaktfreudig, direkt und entschlossen. Sie sind unab-

hängig und wollen in der Verantwortung stehen. Wissen zu sammeln, kompetent zu sein und Kompetenz zu zeigen, ist essenziell für sie.
Bevorzugte Berufe für Kommandeure sind zum Beispiel: Administrator, Anwalt, Banker, Berater, Computerspezialist, Forscher, Manager, Professor, Reporter, Richter, Unternehmer, Vertreter.
Der Kommandeur und seine Intuition: Dem Kommandeur fällt es bisweilen schwer, zu seiner Intuition zu stehen. Deshalb verklausuliert er intuitive Entscheidungen oder Geistesblitze erst einmal logisch, damit er sie auch begründen kann. Schließlich könnte er sich sonst ja angreifbar machen.

Fazit: Sie verfügen über Intuition – ob Sie wollen oder nicht!
Wenn Sie schon über Intuitionsfähigkeit verfügen, warum sollten Sie sie dann nicht auch nutzen? Als zielstrebiger Mensch wird sie Ihnen in vielen Situationen hilfreich sein. Da Sie logisch denken, sollten Sie am besten die Probe aufs Exempel machen und prüfen, wie gut Ihre Intuition in der Praxis ist. Sicherlich werden Sie feststellen, dass sie Ihnen die richtige Entscheidung oftmals schon dann zuflüstert, wenn Ihre Ratio noch grübelt.

ITLS/DENKER
Der ITLS/Denker gehört zur Gruppe der Rationalisten. Er agiert *introvertiert*, denkt *theoretisch*, entscheidet *logisch*, lebt *spontan*. Seine Eigenschaften: logisch, skeptisch, nachdenklich, kritisch, ruhig, präzise, unabhängig, kreativ, erfinderisch, analytisch, abstrakt, perfektionistisch, exzentrisch, neugierig.
Beschreibung: Denker verbringen die meiste Zeit in ihren Gedanken. Sie sind zurückhaltend, analytisch, rational und spontan. Sie entwickeln ständig neue Ideen und Theorien. Die Welt um sich herum zu verbessern oder zu verändern, ist essenziell für sie.
Bevorzugte Berufe für Denker sind zum Beispiel: Architekt, Autor, Anwalt, Biologe, Computerspezialist, Forscher, Ingenieur, Mathematiker, Professor, Programmierer, Stratege, Wissenschaftler.
Der Denker und seine Intuition: Die Intuition ist für den Denker oftmals eher störend: Da geht auf dem Monitor der analytischen Gedanken schon wieder ungefragt ein neues Fenster auf mit einer Botschaft, die er gar nicht haben wollte. Wie ärgerlich! Doch je mehr sich

der Denker mit dem Phänomen Intuition auseinandersetzt, desto mehr wird er fasziniert davon sein, was sie ihm zu bieten hat. Und er wird sie testen und herausfinden, wie er sie geschickt einsetzen kann.

Fazit: Geben Sie dem Reiz nach
Einerseits sind Sie als Denker ein sehr logisch und analytisch veranlagter Mensch, andererseits reizen Sie, kreativ und neugierig wie Sie sind, die Möglichkeiten, die Ihnen die Intuition bieten kann. Sie tun gut daran, einfach auszuprobieren, inwieweit Ihre Intuition Ihnen eine gute Beraterin sein kann. Mit ihr können Sie so manchen langen Weg der Entscheidungsfindung abkürzen. Analysieren Sie Ihre letzten wichtigen Entscheidungen. Wie viel Intuition war mit im Spiel?

ITLG/WISSENSCHAFTLER
Auch der ITLG/Wissenschaftler gehört zur Gruppe der Rationalisten. Er agiert *introvertiert*, denkt *theoretisch*, entscheidet *logisch*, lebt *geplant*. Seine Eigenschaften: unabhängig, analytisch, logisch, strukturiert, beharrlich, selbstverbessernd, intellektuell, entschlossen, zurückhaltend, selbstständig, individualistisch, innovativ.
Beschreibung: Wissenschaftler sind analytisch und entwickeln Strategien. Sie sind zurückhaltend, intellektuell, logisch und strukturiert. Am liebsten beschäftigen Sie sich mit ihren eigenen Gedanken und sammeln Wissen und Kompetenz. Mit sich selbst zu wetteifern und ihre eigenen hohen Standards zu erfüllen, ist essenziell für sie.
Bevorzugte Berufe für Wissenschaftler sind zum Beispiel: Anwalt, Architekt, Computerspezialist, Forscher, Ingenieur, Lehrer, Manager, Mediziner, Professor, Programmierer, Richter, Unternehmensberater, Wissenschaftler.
Der Wissenschaftler und seine Intuition: Die Intuition kann beim Wissenschaftler, der es liebt, Kompetenz und Wissen zu sammeln, aus dem Vollen schöpfen. Denn ihm ist zwar bewusst, wie viel Wissen er bereits bewusst gespeichert hat, aber nur selten weiß er auch, wie viele Informationen er unbewusst aufgenommen hat. Und dieses unter der dünnen Decke des Bewusstseins schlummernde Wissen wartet nur darauf, von seiner Intuition ausgewertet zu werden.

Fazit: Potenzieren Sie Ihr Wissen

Das Wissen, auf das Ihre Intuition zurückgreifen kann, ist immens und diesen Vorteil sollten Sie sich unbedingt zunutze machen! Beanspruchen Sie deshalb gezielt Ihre rechte Gehirnhälfte und fördern Sie mit entsprechenden Übungen den Austausch beider Hemisphären untereinander. So bauen Sie Ihre Intuitionsfähigkeit gezielt aus. Nutzen Sie die Übungen in diesem Buch (ab Seite 25), um Ihre beiden Hirnhälften zur Kommunikation anzuregen.

Der Test hat Ihnen gezeigt, wie ausgeprägt Ihre Intuitionsfähigkeit ist. Gab es bei der Auswertung des Tests Überraschungen oder haben Sie sich und Ihre Fähigkeiten wiedergefunden? Ob Ihre Selbsteinschätzung korrekt war oder nicht – wenn Sie die Tipps beherzigen, werden Sie sehen, dass Sie Ihre Intuition mit der Zeit bewusster einsetzen und gezielter steuern können werden.

Dritter Schritt: Wann können wir unserer Intuition vertrauen?

Die grundsätzliche Frage lautet nicht, ob Sie Entscheidungen intuitiv treffen oder Ihr Bauchgefühl aktiv einsetzen sollen. Ja, Sie sollen. Unbedingt! Die wichtige Frage lautet: Wann und in welchen Situationen können wir unserem Bauch trauen und wann ist es besser, dem Verstand den Vorrang zu geben?

Einsatzbereiche von Intuition und Ratio

Übung 1: Berufe, die Intuition erfordern

Urteilen Sie spontan. Für welchen dieser Berufe ist Intuition sinnvoll und nützlich? Wer sollte bei seiner Tätigkeit auf sein Bauchgefühl vertrauen und vorrangig intuitiv entscheiden?

- Notarzt
- Richter
- Feuerwehrmann
- Lehrer
- Musiker
- Busfahrer
- Maurer
- Manager

Fiel Ihnen die Entscheidung leicht? War es Ihnen möglich, ganz eindeutige Aussagen zu treffen? Oder haben Sie mehrfach gezögert und konnten sich nur zu einem „Kommt drauf an“ durchringen?

Beispiel: Notarzt

In unserem Bekanntenkreis gibt es einen Notarzt. Wir haben ihn gefragt, was er persönlich als die wichtigsten Eigenschaften ansieht, um seinen Beruf gut ausüben zu können. Seine ersten Nennungen waren: „Know-how, medizinisches Wissen, langjährige Erfahrung bei Notfalleinsätzen, Ruhe bewahren." Nach ein paar Sekunden sagte er dann: „Und ein gutes Bauchgefühl und Improvisationstalent." Darauf hatten wir gewartet.

Fazit: Klare Regeln sind wichtig, vor allem, wenn es um lebensbedrohliche oder lebensrettende Umstände geht. Diese Regeln muss man beherrschen und so oft wie möglich anwenden, um daraus Erfahrungswissen zu machen, auf das unser Unterbewusstsein zurückgreifen kann, wenn es drauf ankommt. Im entscheidenden Moment, bei unserem Notarzt am Unfallort zum Beispiel, kann man sich dann auf seine Intuition verlassen.

Beispiel: Richterin

Nehmen wir an, Sie stehen als Angeklagter vor Gericht und die Richterin spricht Sie schuldig. Sie begründet ihre Entscheidung mit „Intuition und Bauchgefühl". Vielleicht sahen Sie einem anderen Angeklagten sehr ähnlich, den die Juristin vor kurzem verurteilt hatte, vielleicht war Ihr Verhalten im Gerichtssaal sehr aggressiv und unterstützte so unbewusst die Anklage oder die Richterin hatte sich am Morgen vor der Verhandlung mit ihrem Ehemann gestritten. Wer weiß?

Egal, welche Beweggründe die Richterin in ihrem Urteil unterbewusst beeinflusst hätten – eine rein intuitive Entscheidung wäre für ihren Beruf natürlich völlig inakzeptabel, gefährlich und in höchstem Maß zu verurteilen. Vor Gericht geht es vielfach nicht um das große Ganze, sondern um Detailfragen, die sachlich, ohne emotionale Beeinflussung erfasst, analysiert, ausgewertet und nach gängigem Recht für alle Betroffenen gleichermaßen beurteilt werden müssen.

Fazit: Intuition ist fehl am Platz, wenn es um konkrete Einzelheiten geht, die in ihrer Detailgenauigkeit für den Gesamtzusammenhang und die Entscheidungsfindung notwendig sind. In dieser Situation müssen Sie sich unbedingt zur Sachlichkeit zwingen und verstandesgemäß Fakten und Sachargumente berücksichtigen.

Beispiel: Feuerwehrmann

Gerald Traufetter, Wissenschaftsredakteur beim *Spiegel*, erzählt in seinem Buch „Intuition" die Geschichte des Leiters der Hamburger Landesfeuerwehrschule, den er im Rahmen seiner Recherchen interviewt hatte. Der leitende Feuerwehrmann berichtet von einem Schlüsselerlebnis beim Löscheinsatz in einem großen Hamburger Kaufhaus. Die Flammen waren kaum zu kontrollieren und hatten bereits auf das hölzerne Treppenhaus übergegriffen. Der Feuerwehrmann stand damals mit seinen Kameraden vor den Treppen und kurz vor der Entscheidung „Hochgehen – ja oder nein?". Bevor die motivierte Truppe nach oben stürmen konnte, hielt sie der damalige Oberbrandmeister zurück. Einige Sekunden später fiel das hölzerne Treppenhaus in sich zusammen. Sie können sich ausrechnen, was passiert wäre, wenn die Einsatztruppe sich auf dem Weg nach oben befunden hätte.

Was hatte den erfahrenen Brandmeister dazu bewegt, nicht loszulaufen? Er hatte nur den Bruchteil von Sekunden Zeit für eine überaus komplexe Entscheidung unter Hochdruck. Ausschlaggebend für seine Reaktion war das Geräusch, das das brennende Holz machte. Anscheinend gibt es Unterschiede zwischen dem Abplatzen der einzelnen Faserschichten zu Beginn und dem dumpfen Knacken kurz bevor etwas – in diesem Fall die Holztreppe – zusammenbricht. Der „alte Hase" kannte den Unterschied, er hatte dazu vielfältige Erfahrungen in seinem Unterbewusstsein abgespeichert, die ihm in diesem Fall zu Hilfe kamen. Er entschied rein intuitiv, denn der Verstand allein wäre mit der Komplexität in der minimalen Zeitspanne und unter dem Stress nicht zurechtgekommen.

Fazit: Je komplexer Situationen sind, umso ratsamer ist es, intuitiv zu entscheiden. Wer ein Experte auf seinem Gebiet ist und über entsprechende Erfahrung verfügt, kann sich dann auf seine Intuition verlassen. Das Unterbewusstsein hat alle gesammelten Informationen abgespeichert und stellt sie im Fall der Fälle im Bruchteil einer Sekunde wieder zur Verfügung.

Beispiel: Lawinenexperte

Werner Munter, einer der besten Schweizer Lawinenexperten, kommt anhand seiner persönlichen Forschungen und Beobachtungen zum Ergebnis, dass die Gefahr, in einer Lawine verschüttet zu werden, mit steigendem Wissen über Gelände, Skitechnik und Wetter zunimmt. Das klingt im ersten Moment seltsam: Je größer das Wissen, umso größer die Gefahr. Munter hat jedoch die Erfahrung gemacht, dass diejenigen, die auf ihr Bauchgefühl hören und dem kleinen Einmaleins der Bergkunde sowie dem Angsthasen in sich vertrauen, weniger oft in Lawinen geraten.

Fazit: Mehr Wissen ist kein Garant für die richtige Entscheidung! Viel Know-how lässt uns manchmal überheblich oder übermütig sein und wir sind dann unempfänglich für intuitive Meldungen. Hören Sie auch als Experte auf Ihren Bauch – selbst dann, wenn der Kopf die Warnung beiseite schieben möchte. Gerade als Experte können Sie auf Ihre Intuition vertrauen, denn sie speist sich aus Ihrem Fachwissen und Ihren jahrelangen Erfahrungen.

Anfänger und Laien sollten es in schwierigen Situationen lieber langsamer angehen lassen und sich die Zeit nehmen, nachzudenken, bevor sie entscheidende und womöglich riskante Schritte unternehmen. Erst kommen die Fakten und die Pro-und-Kontra-Argumente auf den Tisch, dann kann eine Entscheidung – natürlich auch intuitiv – gefällt werden.

Zusammenfassung der Einsatzbereiche von Intuition und Ratio

Bauch vor Kopf Vertrauen Sie Ihrer Intuition ...	**Kopf vor Bauch** Setzen Sie Ihren Verstand ein ...
bei den meisten Alltagsentscheidungen, die nicht immer einen Zweck oder eine Begründung brauchen.	in speziellen Detailfragen, die Sie gegenüber anderen verargumentieren oder mit konkreten Zahlen belegen müssen.
wenn die Konsequenzen und Folgen relativ harmlos sind.	wenn die Konsequenzen für Sie und Ihre Umwelt weitreichend sein können.
wenn Sie Experte auf Ihrem Gebiet sind, sich im Thema gut auskennen.	wenn Sie in Ihrem Bereich neu anfangen oder beim betroffenen Thema nur über laienhafte Kenntnisse verfügen.
wenn Sie über ausreichend Erfahrung verfügen.	wenn Sie erst noch Ihre Erfahrungen machen müssen.
wenn Sie über Wissen aus erster Hand, also über persönliche Erfahrung verfügen.	wenn Sie auf Wissen von anderen angewiesen sind, das lückenhaft, falsch oder manipuliert sein könnte.
bei komplexen Problemen.	bei eindeutigen Problemstellungen.
in unübersichtlichen Situationen.	in eindeutigen Situationen.

Bauch vor Kopf Vertrauen Sie Ihrer Intuition ...	**Kopf vor Bauch** Setzen Sie Ihren Verstand ein ...
wenn es um das große Ganze geht.	wenn Details gefragt sind und das Zusammenwirken der Einzelheiten über das Gesamtergebnis entscheidet.
wenn es eine Routineaufgabe ist.	wenn es sich um eine neue Aufgabenstellung handelt.
wenn die Zeit knapp ist bzw. gespart werden soll.	wenn genügend Zeit zum Nachdenken oder für die Durchführung einer Aufgabe vorhanden ist
wenn Sie nicht alle notwendigen Informationen zusammentragen können bzw. wenn Sie so viel Informationen haben, dass Ihnen der Durchblick fehlt.	wenn die Informationsmenge zu bewältigen und die einzelnen Informationen leicht zu analysieren sind.
bei körperlicher Betätigung, wenn Ihr Bewegungsablauf von allein gut funktioniert.	bei körperlicher Betätigung, wenn Sie anfangen, neue Bewegungsabläufe zu trainieren.

Intuitiv voll daneben

Kann uns Intuition auch in die Irre leiten und zu falschen Entscheidungen führen? Ja, und zwar gewaltig. Ansonsten würden sich nicht so viele Anleger bei Aktiengeschäften intuitiv in den Ruin stürzen oder Spieler aufgrund ihres untrüglichen Bauchgefühls, dass sie diesmal ganz bestimmt eine Glückssträhne haben werden, ihr gesamtes Vermögen im Casino verzocken.

Intuition lässt uns Risiken falsch einschätzen

Prof. Dr. Gerd Gigerenzer nennt in seinem Buch „Bauchentscheidungen" ein interessantes Beispiel: Viele Amerikaner reisten nach den Anschlägen vom 11. September 2001 nicht mehr mit dem Flugzeug – infolge eines nachvollziehbaren, aber nicht logisch begründbaren Angstgefühls.

Dieses veränderte Reiseverhalten führte dazu, dass die gefahrenen Kilometer auf den Highways enorm stiegen. Innerhalb eines Jahres kamen ungefähr 1.500 Amerikaner mehr als im Vorjahr durch Autounfälle ums Leben – mehr als bei Flugzeugunglücken. Diejenigen, die auf das Auto umgestiegen waren, unterlagen also einer falschen Risikoeinschätzung aufgrund eines bauchgesteuerten Angstgefühls.

Gigerenzer führt noch andere Beispiele falscher Risikoeinschätzung an: Kaum jemand hätte Angst vor dem Krankenhausbesuch, obwohl nach verschiedenen Schätzungen „8.000 bis 16.000 Patienten jährlich in deutschen Krankenhäusern sterben, weil sie falsche Medikamente bekommen“ (Quelle: *NZZ Folio* 09/07).

Auch würden wir wegen BSE-verseuchten Fleischs und genmanipulierten Getreides in Panik ausbrechen, anstatt gezielt das zu bekämpfen, was uns nachweislich krank mache und eine viel realistischere Gefahr darstelle, nämlich zu viel, zu süßes und zu fettes Essen.

„Wieso ist unsere Fähigkeit zur Risikoanalyse derart beschränkt?“, lautet die Frage in dem Artikel „Instinktiv falsch“ von *NZZ Folio*, dem Zeitschriftenmagazin der *Neuen Zürcher Zeitung*. Eine Antwort des Autors Daniel Weber, Redaktionsleiter von *NZZ Folio*, lautet, dass „unser Gehirn immer noch nicht in der Moderne angekommen ist“, da unser Instinkt evolutionsbedingt meist die Vernunft überstimmt und unser Urteil „durch Subjektivität und irrationale Faustregeln“ getrübt wird. Klare Aussage: Die Intuition ist durchsetzungsfähiger als die Ratio. Meist zu unserem Vorteil, ab und an aber auch mit negativen Folgen.

Viele Studien, so der Autor weiter, belegten bereits, dass wir echte Probleme bei der Risikoabwägung haben. Laut *NZZ Folio* fürchten wir spektakuläre, eher seltene Risiken wie einen Haiangriff mehr als unspektakuläre, aber dafür umso häufigere Gefahren wie eine Lebensmittelvergiftung. Risiken, die wir selbst eingehen, wie zum Beispiel das Rauchen, schätzen wir als weniger gefährlich ein als solche, denen uns ein anderer aussetzt, wie etwa den giftigen Asbestplatten an unserem Haus oder dem Elektrosmog am Arbeitsplatz. Wir fürchten uns eher vor Handystrahlung, die vom Menschen gemacht ist, als vor natürlichen Gefahrenquellen wie hochansteckenden Krankheiten. Personifizierte Gefahren wie die Ermordung von Kindern machen uns mehr Angst als anonyme Gefahren wie zum Beispiel das Verunglücken von Kindern im Straßenverkehr. Wenn wir selbst am Steuer eines Autos sitzen, fühlen wir uns sicherer, weil wir die Kontrolle haben, als wenn wir uns dem Risiko als Passagier in einem Flugzeug aussetzen. Dies alles sind systematische Fehleinschätzungen, die unsere Intuition zu verantworten hat.

Übung 2: Ihr Einschätzungsvermögen

Mit freundlicher Genehmigung des *NZZ Folio* können Sie anhand der folgenden drei Testfragen, die der leitende Redakteur Daniel Weber entwickelt hat, Ihr Einschätzungsvermögen spontan testen.

1. Bei welcher Tätigkeit verunglückten in der Schweiz 2004 am meisten Menschen?
   a) beim Überqueren des Fußgängerstreifens
   b) beim Gleitschirmfliegen
   c) beim Hantieren mit elektrischem Strom im Haushalt
2. Wie verhalten Sie sich am besten, wenn Sie auf einer Safari plötzlich einem Löwen gegenüberstehen?
   a) umdrehen und wegrennen
   b) stehen bleiben und dem Löwen in die Augen schauen
   c) zurückweichen und Blickkontakt vermeiden
3. Über welche Risiken in Verbindung mit Lebensmitteln sind europäische Konsumenten am meisten besorgt?
   a) Gewichtszunahme
   b) Pestizidrückstände, Viren wie Vogelgrippe
   c) Lebensmittelzusätze

AUFLÖSUNGEN

1. **Richtig ist Antwort a:** Auf dem Fußgängerstreifen wurden 2004 in der Schweiz 917 Menschen verletzt. Das entspricht 38 Prozent aller verunglückten Fußgänger. Beim Gleitschirmfliegen verletzten sich 490 Personen, 290 bei Unfällen mit elektrischem Strom im Haushalt (Geräte, Steckdosen, Kabel etc.). Aus diesen Zahlen allerdings abzuleiten, es sei weniger gefährlich, mit einem Gleitschirm zu fliegen, als eine Straße zu überqueren, wäre falsch. Um hier einen verlässlichen Vergleich anstellen zu können, müsste man wissen, wie viele Leute das Gleitschirmfliegen praktizieren und wie viel Zeit sie damit verbringen. Da es in der Schweiz weitaus mehr Fußgänger als Gleitschirmflieger gibt, sagen die absoluten Zahlen wenig aus. Statistiken über das Risiko des Reisens im Flugzeug und im Auto stützen sich meist auf die Auswertung der Toten pro Passagierkilometer: Wie viele Kilometer kann man fliegen oder fahren, bis man statistisch einen tödlichen Unfall erleidet? Dabei zeigt sich, dass die Gefahr beim Autofahren rund zehnmal so groß ist.

2. **Richtig ist Antwort b:** Die Konfrontation mit einem gefährlichen Tier macht es sehr schwer, rational zu handeln, aber auf unseren

Instinkt sollten wir uns dennoch nicht verlassen: Vor einem Löwen wegzulaufen wäre fatal, denn Löwen jagen instinktiv nach dem, was vor ihnen flieht. Wildhüter aus der Kalahari empfehlen, stehen zu bleiben, den Löwen anzustarren und ihn mit lautem Schreien zu vertreiben.
Antwort c übrigens wäre die richtige, wenn man einem Leoparden begegnet; durch Blickkontakt fühlt er sich in die Enge getrieben. Man sollte so tun, als ob man ihn nicht gesehen hätte, und langsam weitergehen.

3. **Richtig ist Antwort b:** Die Eurobarometer-Umfrage aus dem Jahr 2005, auf welcher das Ergebnis beruht, zeigt damit eine klassische Fehleinschätzung auf: Was europäische Konsumenten am meisten beunruhigen müsste, die Gewichtszunahme, rangiert auf der „Bedenkenskala" zuunterst.

Britische Psychologen behaupten, dass Menschen, die auf ihre Intuition vertrauen, Lügner schlechter erkennen als andere. Die Testpersonen sollten selbst angeben, ob sie ihr Urteil intuitiv getroffen hatten. Diejenigen Personen, die meinten, intuitiv entschieden zu haben, erkannten rund 60 Prozent der Lügen. Probanden, die angaben, nicht intuitiv entschieden zu haben, erkannten fast 70 Prozent der Lügner. Die Forscher vermuten, dass die intuitiv handelnden Personen sich auf die falschen Signale konzentriert hatten, wie zum Beispiel auf fehlenden Augenkontakt oder einen ausweichenden Blick. Diese Körpersprache muss nicht unbedingt auf eine Lüge zurückzuführen sein. Die weniger Intuitiven, so die Forscher, schenkten wahrscheinlich dem tatsächlich Gesagten mehr Aufmerksamkeit. Weiterhin nehmen die Forscher an, dass diese Personen echte Lügenmerkmale, die die Wissenschaft nachweisen kann, besser erkannt hätten; so bewegen Menschen, die lügen, beispielsweise ihre Arme und Beine weniger.

Tipp: Die Intuition ist stärker als unser Verstand
Das ist generell gut und überlebensnotwendig. Sie leitet uns dabei allerdings manchmal in die Irre. Wenn Sie die intuitiven Fallstricke kennen, können Sie gegensteuern. Auch hier sind wieder Selbsterkennung, Reflexion des eigenen Verhaltens und das Berücksichtigen der Sachinformationen wichtige Maßnahmen, um das manchmal zu manipulative Bauchgefühl zu relativieren.

Alles Erfahrungssache

Intuition ist, wie wir jetzt wissen, eine Fähigkeit, die sich aus Erfahrungen speist. Je mehr Erfahrungen wir gemacht haben, umso größer ist der Wissensschatz, den unser Unterbewusstsein zusammengetragen hat und uns in den entscheidenden Momenten zur Verfügung stellt. Ein alter Brandmeister kennt die Eigenschaften und Wirkungen des Feuers in- und auswendig und kann die Signale wie Geruch, Geräusche oder die Farbe des Qualms deuten. Er kann sich Situationen vorstellen und Auswirkungen antizipieren, weil er jahrelange Einsatzerfahrung hat. All das ist in seinem Unterbewusstsein abgespeichert. Genauso verfügen eine erfahrene Ärztin, ein Richter oder ein Fußballprofi über entsprechend spezifische Erfahrungen – und Erfahrung ist in vielen Bereichen des Geschäftslebens von Vorteil.
Es gibt allerdings Momente, in denen das Erfahrungswissen an seine Grenzen kommt und sogar negative Auswirkungen haben kann. Das ist der Fall, wenn veränderte Rahmenbedingungen vorliegen, man selbst keine direkten Lerneffekte hat oder wenn es um innovative Ideen und Ansätze geht.

Tipp: Überprüfen Sie Ihre Erfahrungen
Vertrauen Sie auf Ihre Intuition, aber überprüfen Sie von Zeit zu Zeit, ob Ihre persönlichen Erfahrungen, auf die Ihr intuitives Wissen zurückgreift, noch nicht überholt sind. Nutzen Sie dazu kritisch die im Folgenden beschriebenen Situationen, in denen bisher gemachte Erfahrungen oft bedeutungslos werden bzw. negative Auswirkungen haben und zu falschen Entscheidungen führen können.

Veränderte Rahmenbedingungen

Veränderte Rahmenbedingungen liegen beispielsweise dann vor, wenn der Kontext sich verändert und die äußeren Umstände und die Umgebung nicht mehr zu den bisher gesammelten Erfahrungen passen. Das passiert, wenn etwa Märkte nicht mehr so funktionieren wie gewohnt oder sich Lebensbedingungen, Familienstrukturen oder Arbeitsweisen so verändern, dass sie mit Ihren bisherigen Erfahrungen nicht mehr übereinstimmen.

Beispiel: Grafiker

Wenn Sie vor 20 Jahren eine Ausbildung als Grafiker gemacht haben und hoffen, dass die damals gesammelten Erfahrungen auch heute noch ausreichen, um auf dem Jobmarkt zu bestehen, werden Sie nicht weit kommen. Die Rahmenbedingungen haben sich durch den Einsatz der Computer, des Internets, neuer Drucktechniken und Arbeitsweisen in Branchen wie der Werbung eklatant verändert.

Beispiel: Notarzt

Ein erfahrener Notarzt wird von München nach Zentralafrika versetzt. Seine in Deutschland erworbenen Erfahrungen sind groß - doch nicht alle werden auf einen Einsatz in Zentralafrika zu übertragen sein. Beispielsweise wird er dort Krankheiten diagnostizieren und behandeln müssen, mit denen er in Deutschland nicht in Kontakt kam, eventuell muss er ohne seine gewohnten Gerätschaften arbeiten - und so weiter.

Fehlende Lerneffekte

Was haben Lehrer, Unternehmensberater oder Persönlichkeitscoachs gemeinsam? Es ist die Schwierigkeit, die späteren Folgen des eigenen Tuns im Auge zu behalten und daraus lernen zu können. Ein Lehrer gibt seine pädagogische und fachliche Erfahrung an seine Schüler weiter, solange sie in seiner Klasse sitzen. In diesem Zeitraum kann er die Ergebnisse seiner Bemühungen beobachten, sogar in Tests abfragen und durch Noten bewerten.

Bekanntlich lernen wir aber nicht für die Schule, sondern für das Leben. Doch daran nimmt der Lehrer meist keinen Anteil mehr. Er hat also keine Chance, weiterzuverfolgen, ob sein Wissen und seine Erfahrung dem Schüler langfristig etwas gebracht haben. Damit kann der Lehrer für sich nicht reflektieren, Fehler korrigieren, Gutes optimieren, selbst daraus lernen und seine Erfahrungen verfeinern. Das führt dazu, dass es Lehrer gibt, die seit 50 Jahren nach demselben bewährten Prinzip lehren, weil sie der Meinung sind, es sei richtig und funktioniere gut. Beschwerden kamen keine, Erfolge sind ihm aber auch nicht direkt bekannt.

Dasselbe gilt für Unternehmensberater, Persönlichkeitscoachs oder Trainer, die sich mit langfristigen Themen beschäftigen. Sie betreuen ihre Klienten nur über einen kurzen Zeitraum, die späteren Auswirkungen ihres Tuns bleiben ihnen meist vorenthalten.

Im Vorteil sind da zum Beispiel einige Sporttrainer. Ein Fußballcoach trainiert so lange mit seiner Mannschaft, bis der Ball dahin geht, wo er hinsoll, und die Spielzüge funktionieren. Der Trainingseffekt ist schneller sichtbar. Das unterbewusste Erfahrungsarchiv des Trainers profitiert davon.

Neue Ideen und innovative Ansätze

Der natürliche Feind des Neuen ist das Alte. Wenn in Unternehmen der Ruf nach Innovation laut wird – und der erklingt aktuell aufgrund der verschärften Wettbewerbssituation vieler Branchen sehr laut – dann prallen automatisch Welten aufeinander. Auf der einen Seite die erfahrenen, allwissenden alten Hasen, auf der anderen Seite die wilden, mutigen Querdenker. Wer das Neue will, muss das Alte verlernen. Erfahrung nutzt leider gar nichts, wenn Innovation gefragt ist.

Das Innovative zeichnet sich dadurch aus, dass es keine Erfahrungswerte dazu gibt. Sonst wäre es ja nicht neu. Die Erfahrungsseite trägt zum Erneuerungsprozess oft nur Bedenken bei, weil sie genau weiß, warum die Dinge in der Vergangenheit nicht funktioniert haben und deswegen auch sicher morgen nicht zum Erfolg führen werden. Die Betreffenden übersehen dabei, dass sich mittlerweile die Rahmenbedingungen komplett verändert haben, die Märkte schon lange nicht mehr das sind, was sie vor zehn Jahren noch waren, und die Zielgruppenbeschreibung der Marketingabteilung keinem der aktuellen Konsumenten gerecht wird. Diese veralteten Erfahrungsbilder, die ihnen die Intuition in den Kopf projiziert, hemmen den Erneuerungsprozess.

In unseren Ideenfindungs-Workshops ist deswegen der erste Schritt, die Teilnehmer vom logischen Denken und bewährten Argumentationslinien abzulenken. Der erste Prozessschritt der Ideenproduktion ist methodisch so angelegt, dass es so wenig Bezug zur aktuellen Situation gibt wie nur möglich. „Spinnen ist Pflicht!“, lautet die Parole, groß und quer denken ohne Rücksicht auf Verluste, ohne einschränkendes Wenn und Aber. Mit entsprechenden Innovations- und Kreativitätsmethoden und -werkzeugen gelingt dieser Schritt auch den rationalsten Linkshirnen unter den Teilnehmern. Die Ergebnisse sind verblüffend. Es entstehen wirklich neue Ideen und nicht nur Verbesserungen von bereits Vorhandenem. Zu diesen Ideen müssen erst Erfahrungen gesammelt werden. Im weiteren Umsetzungsprozess landen sie dann entweder als Flops im Mülleimer oder sie revolutionieren als bahnbrechende Innovation den Markt.

Vierter Schritt: Was Ihre Intuition beeinflusst

Heute grün und morgen blau, heute lieber Tee statt wie gestern Kaffee. Wir reagieren jeden Tag anders, denn unser Unterbewusstsein wird von vielen Faktoren beeinflusst, die sich positiv oder negativ auf unsere Entscheidungen auswirken und bei ein und derselben Person zu unterschiedlichen Ergebnissen führen können.
Es ist wichtig, zu erkennen, wie und wodurch wir manipuliert werden, um eigene und fremde Reaktionen zu verstehen und aktiv gegensteuern zu können. Ihr Umgang mit diesen Einflussfaktoren entscheidet zudem wesentlich darüber, wie erfolgreich Ihr persönliches Intuitionstraining sein wird. Nehmen wir deshalb die wichtigsten Einflussfaktoren einmal etwas genauer unter die Lupe.

Lernen Sie Ihre „Intuitionsbeeinflusser" kennen

Einflussfaktor 1: Vorurteile

Vorurteile haben unter anderem den Nachteil, dass wir uns bereits ein Urteil gebildet haben, noch ehe die Problemstellung auf uns zukommt. Das heißt, unser Unterbewusstsein hält schon die Lösung für die anstehende Entscheidung parat. Wer zum Beispiel meint, der hohe Ausländeranteil sei schuld daran, dass die pädagogischen und fachlichen Ziele im Kindergarten verfehlt werden, wird sich beim Vorschlag, den nächsten Elternabend in Form eines multikulturellen Buffets zu gestalten, eher bedeckt halten.
Wie sieht es mit Ihrer Einstellung zum Thema „Intuition“ aus?

Übung 1: Überprüfen Sie Ihre Einstellung zur Intuition

Welche Aussage entspricht spontan Ihrer aktuellen Haltung?

- Ich bin neugierig. Intuition halte ich für eine wichtige Kompetenz im Business.
- Ich bin mir nicht sicher. Intuition ist wichtig, aber ob das im Geschäftsleben so angesagt ist, weiß ich nicht.
- Ich bin skeptisch. Intuition als Erfolgsfaktor im Business halte ich für unrealistisch.

Wenn Sie auch nach den ersten Kapiteln dieses Buches im Grunde Ihres Herzens der Meinung sind, dass Intuition privat zwar ganz nett, aber im Business nicht einsetzbar ist, dann werden Sie Schwierigkeiten haben, die folgenden Übungen unvoreingenommen zu absolvieren. Wer seine Intuition professionell trainieren möchte, sollte ein gewisses Maß an Vertrauen und Zuversicht in die eigenen intuitiven Prozesse haben. Diese neugierig-positive Grundhaltung macht Trainingserfolge erst möglich.

Das ist eigentlich nichts Neues: Unsere Haltung bestimmt unser Tun. Sind wir einer Angelegenheit gegenüber positiv und offen eingestellt, wird auch unser Handeln eher positiv ausfallen, als wenn wir uns der Situation von Anfang an mit Vorurteilen und einer negativen Einstellung nähern. Wer Angst vor dem Zahnarzt hat, sitzt schon völlig verkrampft und schmerzverzerrt im Stuhl, bevor es überhaupt losgeht. Wer sich dem Bohrer hingegen angstfrei stellt, empfindet in aller Regel weniger Schmerz.

Viele kennen das Phänomen auch aus der Schulzeit. Jemand, der erst einmal als „Mathe-Depp“ abgestempelt ist und diese Rolle auch annimmt, geht nur widerwillig in die entsprechende Unterrichtsstunde und hat kaum Chancen, hier jemals auf einen grünen Zweig zu kommen. Wer dagegen Mathematik als interessant ansieht, der versteht, dass auch dieses Fach nützliche Erkenntnisse für das spätere Leben bereithält, geht der Mathestunde mit einer positiven Grundeinstellung entgegen und hat meist auch den entsprechenden Erfolg.
Sehen wir uns nun die weiteren Einflussfaktoren im Einzelnen an.

Einflussfaktor 2: Die eigene Lebenssituation

Übung 2: Die eigene Lebenssituation

Stellen Sie sich folgende Situation vor: Ihr Auto, das zehn Jahre alt ist, muss im nächsten Monat zum TÜV. Der Wagen fährt, hat aber einige Macken. Sie müssten ihn in einer Werkstatt komplett durchchecken lassen, wobei mit einigen Reparaturen zu rechnen ist. In diesem Fall spielt Geld keine Rolle und Sie hätten genügend Mittel zur Verfügung, um sich einen Mittelklassewagen ohne Fremdkapital zu kaufen. Was würden Sie in dieser Situation tun? Würden Sie

1. eine überschaubare Geldsumme zur Reparatur des zehn Jahre alten Autos in die Hand nehmen und nach zwei weiteren Jahren neu entscheiden?

2. das alte Auto verkaufen, um sich einen vergleichbaren, aber neuwertigen Mittelklassewagen zu kaufen?
3. das alte Auto verkaufen und ein neues, größeres Modell leasen, das schon seit längerem auf Ihrem Wunschzettel steht?

Entscheiden Sie ganz spontan.

Nun erweitern Sie das Gedankenexperiment um folgende zusätzliche Informationen: Sie haben gestern erfahren, dass Ihr Ehepartner eine Affäre hat und dabei ist, die Beziehung mit Ihnen grundlegend infrage zu stellen. Noch vor kurzem hatten Sie darüber gesprochen, ein neues Jobangebot anzunehmen und gemeinsam in eine andere Stadt zu ziehen. Hinter dem gemeinsamen Umzug steht nun ein großes Fragezeichen. Vielleicht denken Sie darüber nach, vorübergehend in eine Einzimmerwohnung zu ziehen, bis die Lage geklärt ist, was in jedem Fall Zusatzkosten für Sie bedeutet.

Welche der drei oben genannten Alternativen zum Thema Auto würden Sie nun auswählen? Bleiben Sie bei Ihrer ersten spontanen Entscheidung?

Es wäre völlig normal, wenn Sie unter den neuen Lebensumständen zu einem anderen Ergebnis kämen. Bereits weniger dramatische Situationen beeinflussen unsere unterbewussten Entscheidungen maßgeblich. Je nachdem, wie sich Ihre private Situation in unserem Beispiel entwickelt, könnte diese die Entscheidung in Sachen Auto jeden Tag von neuem in eine andere Richtung lenken.

Einflussfaktor 3: Sozialer Zwang, Gruppendruck

Wenn alle Nachbarn in Ihrer Straße ihre Vorgärten mit pflegeleichten Nadelbäumen und immergrünen Koniferen bepflanzt haben, weil sie es vermeiden wollen, im Herbst Laub zusammenzurechen, werden Sie wahrscheinlich zögern, als Einziger eine schöne Birke zu setzen, deren Blätter sich bei einem ungünstigen Windstoß garantiert in alle umliegenden Gärten verstreuten.

Sind Sie vielleicht Mitglied im örtlichen Sportverein? Spielen Sie mit einer Gruppe Bekannter regelmäßig Karten? Engagieren Sie sich politisch in einer Partei? Sind Sie in einem Businessclub oder einer Arbeitsgemeinschaft aktiv? Treffen Sie sich turnusmäßig mit Ihren Arbeitskollegen oder singen Sie mit Ihren Nachbarn im Kirchenchor? Wie würden diese Bekannten, Freunde, Kollegen oder Ihre Familienmitglieder reagieren, wenn Sie zu Ihrem 50. Geburtstag nun endlich Ihren lang gehegten Wunsch vom Fallschirmspringen in die Tat umsetzen wollten? Könnten Sie deren Reaktionen im Vorfeld erahnen? Hätten Sie Hemmungen, Ihren Wunsch überall und allen zu erzählen? Könnten Einwände oder Bedenken Sie von Ihrem Plan abbringen?

Tipp: Überprüfen Sie Ihr Umfeld

Ob wir es wollen oder nicht, wir werden von unserer Umwelt und den Menschen in unserem Umfeld beeinflusst. Sie üben einen mehr oder weniger starken Druck auf uns aus, dem sich auch unser Unterbewusstsein nicht entziehen kann. Dementsprechend fällt Ihre individuelle Entscheidung oftmals anders aus, als wenn Sie allein auf einer einsamen Insel wohnten.

Sehen Sie sich in Ihrem Umfeld um und überlegen Sie, von welchen Personen Sie besonders beeinflusst werden. Finden Sie für sich heraus, ob Sie diesen Einfluss als einen positiven, negativen oder neutralen bewerten würden.

Einflussfaktor 4: Manipuliertes Wissen

Wir alle kennen die enorme Wirkung von Gerüchten. Ist zum Beispiel ein Manager bzw. eine Managerin mit einer Skandalmeldung und Korruptionsvorwürfen durch die Presse gegangen, beschädigt das deren Image erst einmal. Das Bild, das wir von diesem Mann oder dieser Frau bisher hatten, wird sich durch die Meldung verändern, selbst wenn sich im Nachhinein herausstellt, dass die Person unschuldig ist und in keinem Zusammenhang mit den Vorwürfen steht. Angenommen, Sie treffen diese Person wenig später auf einer Veranstaltung, bei der der ehemalige Manager Spenden für eine wohltätige Organisation sammelt oder die frühere Managerin sich für ein politisches Amt bewirbt, was denken Sie? Den beiden ist nicht zu trauen? Die beiden muss man unterstützen? In jedem Fall sendet Ihr Unterbewusstsein Signale aus, die von dem Wissen beeinflusst sind.

Beispiel: Manipuliertes Wissen

John Darley, Psychologe an der Princeton University, zeigte 1983 in einem Experiment, welche Auswirkungen manipuliertes Wissen auf die Beurteilung von Menschen hat. Während eines Tests sollten zwei Gruppen von Probanden nur aufgrund des Gesichts spontan ein Mädchen einschätzen, das vor Ihnen saß. Die eine Gruppe charakterisierte das Mädchen als „intelligent, aufgeschlossen, begabt", während die anderen Testpersonen zu dem Ergebnis „gehemmt, schwierig, lernschwach" kamen.

Die konträren Einschätzungen der Testgruppen sind darauf zurückzuführen, dass sie im Vorfeld unterschiedliche Informationen über die Herkunft des Mädchens erhalten hatten. Das manipulierte Wissen hatte ihre Einschätzungen bestimmt.

Einflussfaktor 5: Mangelndes oder lückenhaftes Wissen aus zweiter Hand

Übung 3: Was meinen Sie?

- Ist Spinat besonders gesund aufgrund seines hohen Eisengehalts?
- Glauben Sie, dass Kaffee dehydriert?

Lange herrschten genau diese Meinungen vor, nämlich dass Spinat besonders viel Eisen enthalte und Kaffee dehydriere. In beiden Fällen ist mittlerweile jedoch wissenschaftlich verbindlich erwiesen, dass es sich keineswegs so verhält. Spinat ist nicht gesünder als anderes Gemüse, sein Eisengehalt ist bei Weitem nicht so hoch, wie lange angenommen wurde, und Kaffee dehydriert nicht.

Nicht nur falsche Informationen, auch Informationsdefizite oder Wissen, das nur bruchstückhaft vorhanden ist, beeinflussen unser Fühlen und Denken. So waren die Menschen zum Beispiel jahrtausendelang aufgrund von Beobachtungen, subjektiven Einschätzungen und überlieferten Meinungen intuitiv der Ansicht, dass sich die Sonne um die Erde dreht: eine falsche Intuition, die erst durch verstandesorientierte Wissenschaft richtiggestellt werden konnte.

Gigerenzer, deutscher Psychologe und seit 1997 Direktor am Max-Planck-Institut für Bildungsforschung in Berlin, setzt sich seit vielen Jahren wissenschaftlich mit dem Thema Intuition auseinander. Sein Buch „Bauchentscheidungen" wurde 2007 von *Bild der Wissenschaft* als bestes Wissenschaftsbuch ausgezeichnet. „Die meisten Japaner würden wohl spontan urteilen, Heidelberg sei größer als Bielefeld", sagt Gigerenzer. Der Grund dafür sei, dass Touristen die meisten ihrer Informationen aus zweiter Hand beziehen, zum Beispiel aus Reiseführern. Und welcher Japaner war schon mal in Bielefeld? Die intuitive und in diesem Fall falsche Lösung, die er im Rahmen seiner Versuche erhalten habe, laute daher: „Bielefeld kenne ich nicht, das muss also kleiner sein".

Einflussfaktor 6: Starke Emotionen

Haben Sie schon einmal aus Angst, Wut, Zorn oder aus Liebe Dinge getan, über die Sie sich nach Abflauen des Gefühls sehr wundern mussten? Ja? Keine Sorge, da sind Sie beileibe kein Einzelfall, um den man sich Gedanken machen müsste. Auch starke Gefühle beeinflussen unser Tun und unser Unterbewusstsein. Aus Wut über eine zerbrochene Beziehung zerreißen Menschen ihre Fotoalben, was sie oft sehr bedauern, sobald der Zorn verraucht ist. Ein Gefühl wie Angst kann in vielen Fällen unsere Entscheidungsfindung komplett lähmen und uns handlungsunfähig machen. Und dass Liebe blind macht, ist nicht nur ein Spruch: Wenn Liebe im Spiel ist, setzt der Verstand oftmals aus; Liebe ist Intuition pur. Ansonsten würden sich angesichts der Scheidungsstatistik nicht so viele Menschen immer wieder das Jawort geben. Das hat mit Logik nichts zu tun. Wir jedenfalls kennen in unserem Bekanntenkreis niemanden, der frisch verliebt bei der Wahl seines zukünftigen Ehepartners nach einer Pro-und-Kontra-Liste entschieden hätte.

Aber auch kleinere Stimmungsschwankungen und die persönliche Tagesform haben Auswirkungen auf unsere Intuition. Wer traurig oder niedergeschlagen ist, nimmt aus seinem Umfeld eher die Informationen auf, die zu seiner Stimmungslage passen. Das gilt auch für denjenigen, der euphorisch durch die Welt hüpft. Und beides kann sich in Entscheidungen, die an diesem Tag getroffen werden, niederschlagen.

Beispiel

Sie sind heute mit dem falschen Fuß aufgestanden und die schlechte Laune will einfach nicht von Ihnen weichen. Da kommt freudestrahlend ein Mitarbeiter in Ihr Büro, um Ihnen von den tollen Fortschritten der neuen Versuchsreihe zu erzählen. Um daran weiterarbeiten zu können, bräuchte die Forschungsabteilung allerdings noch weitere Geldmittel, für deren Vergabe Sie zuständig sind. Die Ergebnisse wären ja sehr beeindruckend und die Beschaffung des Geldes daher doch kein Problem, oder?

„Möglicherweise nicht, nur heute schon", denken Sie, denn jetzt ist Ihnen schlicht und einfach nicht danach. „Diese Forschungsabteilung ist ohnehin zu teuer. Was machen die eigentlich den ganzen Tag?" Und so beeindruckend finden Sie das Resultat nach monatelangen Testreihen nun auch wieder nicht ...
Ihr Mitarbeiter hätte an einem anderen Tag mit ziemlicher Sicherheit eine andere Antwort von Ihnen bekommen – zumindest aber einen aufmerksameren und interessierteren Zuhörer.

Einflussfaktor 7: Erfahrungen

Unser Unterbewusstsein wird darüber hinaus maßgeblich von unseren Erfahrungen gespeist. Alles, was wir erleben, sehen, wahrnehmen und tun, wird wie in einer riesigen Datenbank abgespeichert oder in einem gigantischen Tagebuch notiert. Dort lagert es so lange, bis wir wieder in eine ähnliche Situation geraten, in der wir nun mithilfe der Intuition auf unser Erfahrungswissen zurückgreifen können. Das gilt für gute wie für schlechte Erfahrungen.

Beispiel

Wenn Sie beim Anblick eines Hundes in Ihrem inneren Archiv stöbern und es dazu nur eine Akte gibt mit der Erfahrung „Streichelt man Hunde, die man nicht kennt, wird man gebissen", dann gehen Sie bestimmt auf Abstand, wenn Ihnen eine dieser quirligen „Bestien" beim Joggen entgegenkommt. Auch den Rufen des Hundebesitzers „Der tut nichts, der will nur spielen" schenken Sie in diesem Fall nur wenig Vertrauen.

Sofern Sie mit intuitiven Entscheidungen bisher gute Erfahrungen gemacht haben, werden Sie auch weiterhin auf Ihren Bauch vertrauen. Wer damit öfter auf die Nase gefallen ist, wird eher versuchen, das Problem mit dem Verstand in den Griff zu bekommen.

Bevor wir uns den nächsten Schritten zuwenden, wollen wir Ihnen an dieser Stelle abschließend Ratschläge nennen, anhand derer Sie Ihre „Beeinflusser" in den Griff bekommen. Die folgenden zwei Tipps werden Ihnen dabei helfen.

Tipp: Beobachten Sie sich selbst und reflektieren Sie Ihre Empfindungen und Handlungen

Wenn Sie sich nicht sicher sind, ob Sie in einer Entscheidung wirklich weitgehend frei sind oder nicht doch von Umständen oder Personen negativ beeinflusst werden, dann überlegen und notieren Sie sich:

- Um welche Entscheidung handelt es sich bzw. wie lautet die Fragestellung?
- Welche „Beeinflusser" spielen jetzt gerade mit Ihrem Unterbewusstsein und mischen sich in Ihre Entscheidung ein?
- Was ist an Ihren Gefühlen dran, können Sie ihnen vertrauen?

Sprechen Sie auch mit anderen über die Zusammenhänge, die Sie beobachtet haben, und bitten Sie sie um eine möglichst sachliche Interpretation.

Tipp: Ermahnen Sie sich zur Sachlichkeit

Sachlichkeit ist in Situationen, in denen Sie sich von anderen beeinflusst wissen, das A und O:

- Trennen Sie gedanklich Bauch und Kopf.
- Filtern Sie die Sachargumente heraus.
- Prüfen Sie die Vor- und Nachteile.
- Überlegen Sie sich mehrere denkbare Lösungsmöglichkeiten und wägen Sie diese gegeneinander ab.

Fünfter Schritt: Wie Sie mit Intuition Entscheidungen treffen können

Für das Training der Intuition gibt es ein paar nützliche Tipps, Tricks und Hilfsmittel, die Sie nutzen können. Suchen Sie sich aus den im Folgenden vorgestellten Faustregeln, Kreativitätstechniken und Szenarien einfach das aus, was Ihnen spontan am meisten zusagt oder für die jeweilige Aufgabenstellung geeignet erscheint. Die Regeln und Hilfsmittel können Sie natürlich nach Lust und Laune kombinieren, verändern und ergänzen – ganz intuitiv.

Faustregeln für Bauchgefühle

Bauchgefühle sind, wie schon gesagt, die Ausdrucksform unseres Unterbewusstseins. Doch wie entstehen diese Bauchgefühle und wie können wir Sie bewusst zur Entscheidungsfindung einsetzen? Hier eine kurze wissenschaftliche Erklärung von Gigerenzer aus seinem Buch „Bauchentscheidungen“:

- „*Bauchgefühle* sind das, was wir erleben. Sie tauchen rasch im Bewusstsein auf, wir verstehen nicht ganz, warum wir sie haben, aber sind bereit, nach Ihnen zu handeln.
- *Faustregeln* sind für die Entstehung von Bauchgefühlen verantwortlich.“

Gigerenzer, einer der renommiertesten Experten für die Psychologie von Entscheidungen, fährt fort: „Ein Bauchgefühl ist nicht gut oder schlecht, rational oder irrational an sich. Sein Wert hängt von dem Kontext ab, in dem die Faustregel verwendet wird.“
Das heißt, wer einige dieser Faustregeln kennt, kann in bestimmten Situationen seine innere Stimme einfach besser verstehen und sich damit leichter auf sein Bauchgefühl verlassen.

Einige dieser Faustregeln klingen sehr banal und provozieren bestimmt sofortige Einwände und logische Argumentationen seitens Ihres Verstandes. Aber der arbeitet ja, wie wir wissen, stellenweise zu langsam, um komplexe Probleme zu lösen. Und er – Ihr Verstand – hat im Moment ohnehin Pause, da es jetzt um Intuitionswerkzeuge und -tipps geht. Deswegen zurück zu den von Gigerenzer formulierten Faustregeln, die einfach und schnell funktionieren.

Nimm, was du kennst

Die Regel „Nimm, was du kennst“ hat sich bereits in einer Zeit herausgebildet, da unsere frühen Vorfahren noch in Höhlen wohnten. Dieser Grundsatz sicherte ihr Überleben, denn herumzuexperimentieren, zum Beispiel bei der Speisenauswahl, konnte tödlich sein. Die Wissenschaftler nennen diese Methode auch „Logik der Savanne“, damit meinen sie, dass wir immer noch unsere Entscheidungen nach Regeln treffen, die schon unsere Vorfahren in der Savanne erworben haben. Nach Gigerenzers Forschungen funktioniert diese Logik auch heute hervorragend. Bewiesen hat er dies mithilfe von Aktien.

Beispiel: Logik der Savanne bei Spekulationen an der Börse

Im Jahr 2000 nahm Gigerenzer zusammen mit einem Kollegen an einem Börsenspiel des Wirtschaftsmagazins *Capital* teil. Ziel des Spieles war es, mit 50 internationalen Internetaktien innerhalb von sechs Wochen möglichst viel Gewinn zu machen. Das Vorgehen der beiden Forscher unterschied sich deutlich von dem der anderen Teilnehmer:

Auch ihr Vorgehen war ein anderes: Anstatt sich möglichst viele Informationen aus Expertenhand zu verschaffen, befragten sie in Berlin 100 Passanten, welche der 100 Aktien sie kaufen würden. Die meisten der Interviewten hatten nur wenig Ahnung von Aktien und entschieden sich für die Papiere, die sie vom Namen her kannten. Aus den Top Ten der genannten Aktien erstellten die Forscher das Portfolio – und erzielten damit bessere Gewinne als 88 Prozent aller eingereichten Aktienpakete. Darüber hinaus schnitten sie besser ab als alle *Capital*-Indizes.
Um zu zeigen, dass dies kein einmaliger Glücksfall war, wurde das Experiment wiederholt: mit einem ganz ähnlichen Erfolg. So konnten die Wissenschaftler zeigen, „dass die bloße Namenswiedererkennung ebenso gute Ergebnisse erzielt wie Finanzexperten, Blue-Chip-Fonds, der DAX und der Dow Jones."

Die Faustregel „Nimm, was du kennst“ ist auch die Grundvoraussetzung für das Funktionieren von Marken. Für Unternehmen ist der Aufbau einer Produkt-, Dienstleistungs- oder Handelsmarke zwar ein langfristiger, mühsamer und kostspieliger Weg, dafür aber auch ein sehr lohnender, der von unserer Intuition profitiert. Wer im Supermarkt auf ein Angebot von 100 verschiedenen Joghurtsorten trifft, der greift gern nach dem ihm bekannten Produkt. Wer in einem Land wie China die Schriftzeichen auf den Lebensmittelverpackungen nicht lesen kann, der erfährt Glücksgefühle, wenn ihm bekannte Schriftzüge auf Produkten wie „Coca-Cola" oder „Nestlé" Orientierung geben.

Gepflegtes Halbwissen

Warum entschieden sich die Börsenlaien in Gigerenzers Experiment besser als die Börsenexperten? Der Aktienmarkt ist schwer vorhersehbar, vieles entwickelt sich scheinbar zufällig. Experten haben selbstverständlich ein umfangreicheres Wissen über Aktien. Sie beziehen es allerdings meist durch die Auswertung vergangener Daten, welche ihnen nicht die zukünftigen Entwicklungen vorhersagen können. Das komplexe Expertenwissen ist also nicht besser als ein gepflegtes Halbwissen. Halbwissen im Fall der Aktienbeurteilung bedeutet, dass die Testpersonen einige der Aktiennamen schon einmal gehört hatten. Hätten sie, wie die Experten, alle Aktien gekannt, dann hätte der Versuch genauso wenig funktioniert, wie wenn ihnen keiner der genannten Namen bekannt gewesen wäre.

Die Beurteilung, über ein gepflegtes Halbwissen zu verfügen, ist in unserem Joballtag kein Kompliment. Wenn sich wissenschaftliche Erkenntnisse wie die von Gigerenzers Forscherteam jedoch herumsprechen, könnte das Halbwissen möglicherweise zur neuen Erfolgskompetenz ausgerufen werden.

Entscheide nach dem ersten guten Grund

Gigerenzer konnte nachweisen, dass ein gutes Argument ausreicht, um die richtige Entscheidung zu treffen. Oftmals hat es keinen Sinn, alle Pro- und alle Kontra-Argumente zusammenzutragen, da ein Mehr an Gründen für die Entscheidungsfindung nicht immer hilfreich ist, sondern regelrecht entscheidungshemmend wirken kann.

Beispiel: Urlaub am Meer oder in den Bergen?

Sie überlegen, ob Sie dieses Jahr Urlaub im Süden oder in den Bergen machen möchten. Der erste Grund, der Ihnen für einen Urlaub am Meer einfällt, ist, dass Sie einfach faul im Sand liegen möchten. Natürlich gibt es auch viele Argumente für die Berge und gegen den Süden – zum Beispiel, dass Sie in den Bergen endlich wieder klettern können. Nach vier Stunden Diskussion mit Ihrem Partner, in der Sie alle Argumente für und wider abgewogen haben, werden Sie voraussichtlich wieder beim Wunsch nach einem Liegestuhl und Sand zwischen den Zehen enden. Sie hatten nicht umsonst dieses Argument als erstes genannt – unterbewusst hatten Sie die verschiedenen Gründe in einer Rangordnung aufgestellt. Das faule Herumliegen am Strand rangiert bei Ihnen eben an erster Stelle.

Tipp: Entscheide nach dem ersten guten Grund
Diese Faustregel ist in vielen Situationen sinnvoll, Sie können sie also vielfach anwenden. Kaum jemandem gelingt es, alle Gründe für eine Entscheidung zusammenzutragen und gegeneinander abzuwägen. Das kostet nicht nur unnötig Zeit, sondern führt zu keinem nachweisbar besseren Ergebnis.

Folge dem Rat anderer

Diese Regel ist sinnvoll und einfach. Wer nicht weiß, wie er in einer bestimmten Situation handeln soll, der fragt jemanden, der sich auskennt. Essen Sie beispielsweise zum ersten Mal in einem neuen Restaurant zu Abend, fragen Sie sicherlich Ihre Begleitung, die schon öfter hier war, welche Gerichte sie Ihnen empfehlen kann.
Oder Sie sind neu in der Stadt und für jeden Rat dankbar, in welchem Viertel man abends gut ausgehen kann, in welchem Café es den besten Cappuccino der Stadt gibt.

Imitiere andere

Auch diese Faustregel stammt noch aus den Anfängen der Menschheit und sicherte unseren Vorfahren das Überleben: Wenn Neandertaler eins Neandertaler zwei dabei beobachtete, wie er bestimmte Beeren und Pilze aß, ohne sich zu erbrechen oder daran zu sterben, wusste er, dass er sich ebenfalls von jenen Beeren und Pilzen ernähren konnte.

Kinder folgen naturgemäß dieser Regel und imitieren ihre Eltern und andere Personen in ihrem Umfeld. So wird zum einen uraltes kulturelles Wissen von Generation zu Generation weitergegeben. Zum anderen ist es viel effizienter, etwas zu imitieren, als wenn jedes Kind selbst herausfinden müsste, wie man isst, auf die Toilette geht, sich anzieht oder mit anderen Menschen umgeht.

Die Faustregel „Imitiere andere“ funktioniert für alle Altersklassen. Obwohl die meisten Teens behaupten werden, sie seien völlig individuell, so erkennt vor allem der Laie bereits beim ersten Hinsehen, dass im Grunde alle irgendwie gleich sind: dieselbe Kleidung, dieselben Frisuren, dieselben Rucksäcke, dieselben Accessoires, dieselbe Sprache, dieselben Vorbilder. Auch Assistenten der Geschäftsleitung beispielsweise orientieren sich häufig am Chef und ähneln ihm in frappierender Weise: eine ähnliche Frisur, Sprache, Anzüge, dieselbe Art von Humor.

Im Marketingdeutsch nennt sich ein solches Vorgehen „Me-too-“, also „Ich-auch-Strategie“. Viele Firmen wenden sie sehr erfolgreich an: Gute Produkte werden imitiert, diese neuen Produkte sehen auf den ersten Blick genauso aus wie das Original, ihre Preise sind allerdings deutlich niedriger. Diese Strategie funktioniert sehr gut.

Die Faustregel hat noch mehrere Unterformen. Eine lautet: „Tu das, was der Erfolgreiche tut.“ Sie trifft zu auf das obige Beispiel des Assistenten, der sich am Geschäftsführer orientiert, sowie auf die „Me-too-Produkte“. Eine andere Unterform ist: „Tu das, was die Mehrheit tut.“

Übung 1: Die Intuitionsfähigkeit steigern – lernen Sie, die Faustregeln anzuwenden

Testen Sie das Funktionieren dieser Faustregeln an einer konkreten Aufgabe. Wenden Sie eine der Regeln an, wenn Sie die nächste Entscheidung treffen müssen. Starten Sie mit einfachen Situationen, zum Beispiel:

- im Restaurant bei der Auswahl des Menüs
- beim Einkaufen
- bei der morgendlichen Outfitwahl

Steigern Sie sich nach einer gewissen Zeit und trauen Sie sich an weitreichende Entscheidungen heran, zum Beispiel:

- bei der Auswahl Ihrer nächsten Urlaubsregion
- bei größeren Anschaffungen wie der eines Fernsehers oder Autos

Das Kennen und Erkennen der Faustregeln wird Ihnen in verschiedenen Situationen helfen, Ihrem spontanen Bauchgefühl zu vertrauen, ohne dass Sie im zweiten Schritt verstandesmäßige Hilfsargumentationen aufbauen müssen. Damit kommen Sie nicht nur schneller, sondern auch einfacher und treffsicherer zu einer Entscheidung.

Bewusste Ignoranz

„Gute Intuition ignoriert Informationen“, sagt Gigerenzer. In extrem komplexen Situationen, in denen wir uns im Bruchteil einer Sekunde aus vielen Handlungsmöglichkeiten für eine entscheiden müssen, gerät unser Verstand schnell an seine Grenzen, zum Beispiel wenn Sie sich in einem brennenden Gebäude befinden oder als Notarzt an eine Unfallstelle kommen.
In komplexen Situationen treffen Sie oftmals dann die richtige Entscheidung, wenn Sie intuitiv vorgehen. Damit Ihnen das gelingt, müssen Sie Ihren Kopf zum Großteil ausschalten, denn sonst denken Sie zu viel und zu lange über Ihr Handeln und die möglichen Konsequenzen nach.

Das widerstrebt Ihnen? Mit diesem Gefühl sind Sie nicht allein. Viele meinen, dass ein Mehr an Informationen auch zu besseren Ergebnissen führt bzw. dass wir zu mehr Klarheit kommen, wenn wir viel Zeit zum Nachdenken haben. Doch oftmals ist das Gegenteil der Fall: Sicherlich hatten Sie schon einmal eine Speisekarte in der Hand, bei der Sie die Wahl zwischen geschätzten 100 Gerichten hatten, oder denken Sie daran, wie Sie Ihren Telefonanbieter zwischen den vielen Konkurrenzunternehmen auswählten. Wie schwer haben Sie sich mit diesen Entscheidungen getan und wäre Ihnen bei einem überschaubaren Angebot die Wahl nicht leichter gefallen?
Auch die vielen Möglichkeiten, sich Informationen schnell und leicht zum Beispiel über das Internet zu beschaffen, lässt uns Entscheidungen nicht leichter treffen – meisten ist, wie gesagt, genau das Gegenteil der Fall.

Beispiel: Ein Zuviel lähmt die Entscheidungsfindung

Eine Bekannte hat ein Geschäft für Accessoires, Geschenke, Einrichtungs- und Dekorationsgegenstände. In einem schönen alten Gebäude bietet sie sehr geschmackvoll arrangiert eine Unzahl von Engeln, Vasen, Kerzen, Blumenschmuck, Tischdecken, Servietten, Fußabstreifern, Leuchtern, Untersetzern, Überziehern und vieles andere mehr an. Sie berichtet uns von Kunden, die stundenlang durch das Geschäft schlendern und ihr Komplimente machen, wie schön ihr Warenangebot sei. Trotzdem kaufen sie nichts.

Es ist bekannt, dass eine Angebotsvielfalt das Kaufverhalten lähmt. Das menschliche Auge kann das üppige Warenangebot gar nicht erfassen. Die Kunden berühren dann die Gegenstände mit der Hand, um wahrhaft zu begreifen, was sie vor sich haben. Und das kann zum Leidwesen unserer Bekannten mehrere Stunden dauern.
Die Wissenschaft hat vielfach beweisen, dass ein kleineres Angebot oder weniger Informationen zu besseren Entscheidungen führen. Das gilt für den Kauf von Immobilien ebenso wie für die Wahl eines Shampoos.

Beispiel: Die erste Hose ist die beste

Wenn Frauen (auf Männer trifft dieses Beispiel in der Regel nicht zu) eine Hose kaufen möchten, dann können sie es kaum ertragen, wenn sie bereits im ersten Geschäft das für sie ideale Modell finden. Die meisten Frauen lassen sich diese Hose zurücklegen und durchkämmen weitere Geschäfte, denn es könnte ja noch etwas Besseres kommen. In vielen Fällen stellen sie am Ende der Shoppingtour fest, dass die erste Hose auch die beste war. Warum nicht gleich so?

Stellen Sie sich vor, Sie betreten einen Supermarkt und stehen vor zwei Tischen, auf denen sich Marmeladegläser befinden. Auf dem ersten Tisch sind sechs Gläser mit exotischen Marmeladesorten, auf dem zweiten 24 Gläser. Was schätzen Sie: An welchem Tisch bleiben mehr Kunden stehen?
Dieser Versuch wurde im Jahr 2000 von den amerikanischen Psychologen Sheena Iyengar und Mark Lepper von der Columbia und Stanford University in einem Supermarkt genau so durchgeführt. Die beiden Wissenschaftler kamen zu folgendem Ergebnis: War der Tisch mit dem großen Angebot aufgebaut, blieben 60 Prozent der Kunden davor stehen. Befanden sich auf dem Tisch nur sechs Marmeladensorten, war das Angebot also sehr viel kleiner und überschaubarer, dann sahen es sich nur 40 Prozent genauer an.

Interessant ist die nächste Frage: Wann kauften die Kunden? Hatten Sie die Auswahl zwischen 24 Marmeladesorten, dann kauften drei Prozent ein oder mehrere Gläser. Standen nur sechs Marmeladegläser zur Wahl, kauften 30 Prozent der Kunden. Die eingeschränkte Auswahl brachte also zehnmal mehr Umsatz. Anziehend wirkte die große Auswahl, kaufentscheidend war aber die Reduktion des Angebotes.

Einige Anbieter haben aus dieser Erfahrung gelernt und beschränken bewusst ihr Angebot. So dekorieren manche Einzelhändler die gesamte Schaufensterfront mit ein und demselben Produkt, Restaurants reduzieren ihre Tageskarte auf drei Gerichte. Handyhersteller merken, dass die meisten Nutzer ihrer hochkomplexen Geräte wenig technischen Ehrgeiz haben und mehr als 95 Prozent aller angebotenen Funktionen nicht brauchen. Ein Modell, mit dem man „nur" telefonieren kann, könnte ein Hit werden.

Die bewusste Beschränkung und Reduktion des Angebotes kommt der intuitiven Entscheidungsfreudigkeit der Kunden und Konsumenten entgegen. Der Verstand und seine langwierigen Pro-und-Kontra-Diskussionen werden vermieden und die Chance, dass jemand spontan eine Entscheidung trifft, zugreift und kauft, steigt.

Übung 2: Weniger ist mehr
Überlegen Sie, in welchen Fällen „Weniger ist mehr" auch für Ihr Geschäft oder Ihre Kunden eine Entscheidungshilfe sein könnte.

Tipp: Die Wahlmöglichkeiten bewusst reduzieren
Wenn Sie vor der nächsten komplexeren Entscheidung stehen, beschränken Sie bewusst Ihre Wahlmöglichkeiten:

- Begrenzen Sie Ihre Zeit. Geben Sie sich maximal 15 Minuten, dann muss die Entscheidung fallen.
- Fragen Sie höchstens zwei Personen um Rat.
- Lesen Sie nur einen Testbericht.
- Googeln Sie nicht.

Hau einfach drauf

Weniger ist auch mehr, wenn es um unterbewusste motorische Fertigkeiten geht. Sie kennen das vielleicht vom Autofahren: Wer viel Fahrpraxis hat, startet, bremst oder schaltet praktisch intuitiv. Zahlreiche Autofahrer können auf Anhieb so nicht sagen, ob sich das Gaspedal rechts oder links befindet, sobald sie am Steuer sitzen, wissen sie aber ganz genau, wo es ist. Oder denken Sie an einen professionellen Golfspieler. Er hat seinen Schlag jahrelang so trainiert, bis ihm der Bewegungsablauf in Fleisch und Blut übergegangen ist. „In Fleisch und Blut übergehen" – die Redewendung verbildlicht den Prozess des Verinnerlichens von Bewegungsabläufen.

„Hau einfach drauf, ohne nachzudenken“, lautet also die Empfehlung an den Golfspieler. Denn sobald er den Bewegungsablauf seines Schlags in sein Bewusstsein holt, wird er nicht mehr wissen, „wie“ er funktioniert – es kommt zu einer „Bauch-Kopf-Konfusion“. Beim Tennismatch mit einem überlegenen Gegner empfiehlt Gigerenzer, man solle den Seitenwechsel dazu nutzen, das Erfahrungswissen des Gegners zu stören. Dafür müssen Sie ihn nur dazu bringen, sein Spiel zu reflektieren: „Deine Vorhand ist ja heute der Hammer. Wie machst du das nur, dass jeder Schlag gleich gut übers Netz kommt?“ Kaum fängt Ihr Gegner an, darüber nachzudenken, bringt er den Kopf-Bauch-Haushalt seiner Intuition durcheinander und macht Fehler.
Aus demselben Grund können routinierte Autofahrer unsicher werden, wenn Sie sich mit Linksverkehr konfrontiert sehen oder von einer Gangschaltung zur Automatik und wieder zurück wechseln.

Tipp: Schalten Sie Ihren Kopf aus
Sie wissen mittlerweile, dass dies die Voraussetzung dafür ist, um intuitiv handeln zu können. Den Kopf auszuschalten bringt Sie oftmals auch auf die richtige Lösung für altbekannte und scheinbar unlösbare Probleme.

Intuitive Kreativitätstechniken

Sollten Sie sich gerade in einem kreativen Prozess befinden bzw. den Auftrag erhalten haben, sich neue Ideen für alte Probleme auszudenken oder heute die Innovation von morgen zu erfinden, werden Sie mit systematischen Analysen und logischen Argumentationsketten nicht weit kommen. Hier helfen Ihnen spezielle Kreativitätstechniken, die als intuitive Methoden bezeichnet werden, weil sie sich an den Bauch wenden und den Kopf austricksen. Sie verhindern langes, unnötiges Nachdenken und fördern spontane Bauchreaktionen. Ziel der meisten intuitiven Methoden ist es, in einer kleinen Zeiteinheit eine große Menge an Ideen zu entwickeln.

Im ersten Schritt sammeln Sie Ideen, ohne sie zu bewerten! Es gilt das Motto „Masse statt Klasse“. Bei diesen Methoden wird viel mit Assoziationen und Analogien gearbeitet, mit Perspektivenwechseln und Umkehrschlüssen. Vielleicht kommen Ihnen ein paar der intuitiven Methoden bekannt vor oder Sie haben bereits damit gearbeitet:

- Brainstorming
- Brainwriting
- Kartenabfragen
- 6-3-5-Methode
- Kopfstandtechnik
- Mindmapping
- Reizworttechnik.

Weitere Methoden, die wir in unseren Workshops anwenden und stellenweise selbst entwickelt haben, sind:

- Perspektivenwechsel
- Superhero-Spiel

Einige dieser Methoden werden im Anschluss kurz erklärt. Wenn Sie bereits Profi in Sachen Kreativitätstechniken sind, dann blättern Sie einfach weiter.

Die 6-3-5-Methode

- Teilnehmer: sechs, mehrere Gruppen parallel
- Zeitaufwand: maximal 30 Minuten
- Ziel: möglichst viele Ideen in geordnetem Rahmen, gut zum Üben für Introvertierte.

Geben Sie jedem Teilnehmer ein gleich großes Blatt Papier, mindestens DIN A4, besser DIN A3, gern auch Flipchartpapier, wenn Sie genügend große Tische haben. Das Papier wird mit drei Spalten vertikal und sechs Reihen horizontal in 18 Kästchen untergeteilt.

Jetzt geht's los. Die Frage bzw. Aufgabe lautet zum Beispiel „Was würden Sie mit leeren Klopapierrollen machen?“ Oder: „Wie kann man schmutzige Kaffeetassen verschwinden lassen?“ Oder: „Strafen für Zuspätkommer.“ Jeder Teilnehmer füllt jetzt seine spontanen Ideen in die drei Kästchen der ersten obersten Zeile. Das geht ruck, zuck, man soll nicht lange überlegen, denn es ist eine intuitive Methode.

Jedes Blatt wird nach fünf Minuten von allen gleichzeitig im Uhrzeigersinn an den Nachbarn weitergereicht. Der Nächste soll nun die bereits genannten Ideen aufgreifen, sich inspirieren lassen, sie ergän-

zen oder weiterentwickeln und schreibt seine spontanen Eingebungen in die drei Kästen der Zeile darunter.
Daher kommt auch der Name „6-3-5-Methode“: sechs Teilnehmer, je drei Ideen, fünf Minuten Zeit.

Mit dieser Methode entstehen innerhalb von 30 Minuten 108 Ideen: sechs Teilnehmer mal drei Ideen mal sechs Reihen.
Falls das Spiel stockt oder jemand leicht ratlos dreinschaut, können Sie auch einen „Joker“ vergeben für Kästchen, bei denen einem nichts einfällt.

Dieses Spiel treibt manches Linkshirn fast in den Irrsinn, weil der Kopfmensch zu Beginn nicht ausmachen kann, „was der Quatsch soll“, und ständig Sinnfragen stellt. Einen erkennbaren Sinn gibt es aber anfangs nicht. Also sollten die Teilnehmer einfach nur das ankommende Papier entgegennehmen, die letzten Kästchen durchlesen, darunter spontane Assoziationen schreiben und nach fünf Minuten das Papier weitergeben. Und dasselbe wiederholen.

Nachdem alle Kästchen gefüllt sind, werden die Blätter so hingelegt, dass alle Teilnehmer sie lesen können. Verteilen Sie jetzt drei bis fünf kleine Klebepunkte an jeden mit der Aufforderung, die Punkte in die Kästchen zu kleben, die nach einer guten Idee klingen oder ein irgendwie gelagertes Potenzial haben könnten. Wieder spontan, keine Diskussion. Die folgt erst im Anschluss.

Die Gruppe soll nun aus den bepunkteten Kästchen eine Top-Five-Liste erstellen. Die Ideen in den ausgewählten Feldern dürfen und sollen dann gern gemeinsam konkretisiert, weiterentwickelt oder mit anderen Ideen kombiniert werden.
Zu diesem Zeitpunkt zeichnet sich auch für die meisten Rationalisten ab, dass bei dem Ganzen etwas herauskommt und gerade gute, neue, verrückte Ideen geboren werden. Wenn die Top-Five-Liste steht, sind die letzten Zweifler zumindest überrascht von den Ergebnissen, manche werden echte Anhänger der 6-3-5-Methode.

Der Kopfstand

- Teilnehmer: zwei bis zehn
- Zeitaufwand: zehn bis 20 Minuten
- Ziel: ungewöhnliche, neue Aspekte

Bei der Kopfstandmethode können Sie das ganze negative Potenzial nutzen, das in Ihnen und Ihren Mitarbeitern steckt. Wir alle wissen nämlich sofort, warum etwas „nicht geht" und was so schlecht an einer vorgeschlagenen Maßnahme ist. Die negativen Aspekte fallen uns ein wie faules Obst von den Bäumen. Und diese pessimistische Urkraft können Sie nutzen!

Die Umkehrung gilt jedoch nicht Ihnen, sondern dem Problem. Stellen Sie also die Aufgabe auf den Kopf, indem Sie sie so negativ wie möglich formulieren und ein absolutes Worst-Case-Szenario entwickeln, zum Beispiel: Anstelle von „Was müssen wir tun, damit jeder seine Kaffeetasse in die Spülmaschine stellt?" lautet die Frage, „auf den Kopf gestellt": „Was müssen wir tun, damit keiner seine Tasse in die Spülmaschine stellt und die Küche ganz schnell zum absoluten Schweinestall wird? Wie können wir das erreichen?"

Mit dieser umgedrehten Aufgabe starten Sie ein klassisches Brainstorming. Auf geht's, fünf Minuten brainstormen, am besten schriftlich auf einer großen Metaplanwand: „Vielleicht müsste jeder Geld bekommen, damit er seine Tasse nicht in die Maschine stellt", „Man könnte die Maschine zukleben oder ganz abschaffen", „Wir machen einen Wettbewerb, welche Abteilung die ekeligste Kaffeeküche hat", „Es wird unter Androhung von Strafe verboten, Kaffeetassen in die Spülmaschine zu stellen", „Wir organisieren einen Workshop, wie man Kaffeetassen nicht in die Spülmaschine stellt", „Jeder, der die Dinger trotzdem in die Maschine stellt, wird vom ganzen Team verprügelt", oder was Ihnen sonst noch spontan einfällt.

Wenn die Liste gefüllt ist, was erfahrungsgemäß rasend schnell geht, schaut man sich im Team gemeinsam Punkt für Punkt an und überlegt – wieder im Umkehrschluss –, welche gute Idee sich aus den miesen Punkten ableiten ließe. Zum Beispiel: Der Aspekt „Man könnte die Maschine zukleben oder ganz abschaffen" mag als Idee liefern: „Wir sollten noch eine zweite oder dritte Maschine anschaffen, damit keiner das saubere Geschirr wieder ausräumen muss, was ja eigentlich am meisten nervt und beim Unterlassen zu den Stausituationen neben der Maschine führt. Die gesamte Menge der schmutzigen Tassen pro Tag passt dann in die Maschinen, gewaschen wird am Ende des Tages, das Ausräumen erledigt die Putzmannschaft mit.

Überlegen Sie weiter. Stellen Sie sich und Ihr Denken ruhig öfter auf den Kopf.

Die Reizworttechnik

- Teilnehmer: zwei bis zehn
- Zeitaufwand: fünf bis zehn Minuten
- Ziel: viele Ideen in kurzer Zeit

Ein zufällig ausgewählter Begriff, das Reizwort, ist der Ursprung des Prozesses.

Schritt 1: Bestimmen Sie das Reizwort. Nehmen Sie zum Beispiel ein Wörterbuch, eine Zeitschrift oder irgendeinen anderen Text, schlagen Sie ihn an einer beliebigen Stelle auf und zeigen Sie blind auf ein Wort. Es sollte ein Substantiv oder Namenswort wie zum Beispiel „Auto", „Auswanderungsbehörde" oder „Einsatzkommando" sein. Klingt komisch, das Wort? Macht nichts. Nehmen Sie es.

Schritt 2: Analysieren Sie Ihr Reizwort. Machen Sie dies am besten in Form eines Mindmaps auf einem Flipchartpapier oder einer Metaplanwand: Sie schreiben das Reizwort in die Mitte des Blattes und darum herum, am Ende von kleinen Strichen, alles, was Ihnen spontan dazu einfällt, pro Strich eine Assoziation. Beim Stichwort „Auto" könnte Ihnen spontan einfallen: Rad, Blech, Autobahn, teures Benzin, anschnallen, Kindersitz, Hundehaare, Stoßstange, Einparken und so weiter.

Schritt 3: Jetzt wird es gleich wild und sehr intuitiv. Nehmen Sie ein Papierkärtchen und schreiben Sie Ihre eigentliche Aufgabe darauf, zum Beispiel „dreckige Kaffeetassen wegräumen" oder „leere Klopapierrollen austauschen". Kleben Sie nun Ihre Aufgabenstellung über das Reizwort. Es entsteht eine neue Situation: Die Aufgabenstellung steht in der Mitte des Mindmaps und darum herum auf den ersten Blick abstrus anmutende Assoziationen, die vorher zu Ihrem Reizwort „Auto" gehört haben.
Jetzt ist wildes und mutiges Kombinieren gefragt. Versuchen Sie, die Aufgabe und die Aussagen in deren Umfeld zusammenzubringen. Wo könnte Potenzial stecken, wo sind Chancen, was wäre ein guter Ansatz?

Die Kombination „teures Benzin" und „dreckige Kaffeetassen wegräumen" könnte für Sie ergeben, dass auf die Tassen ein hohes Pfand erhoben würde oder wie im Zelt von Feinkost Käfer auf dem Münchner Oktoberfest die Tasse Kaffee schlappe acht Euro kostet, Sie dafür aber die Tasse mit nach Hause nehmen dürfen. Spülen entfällt damit. Oder „leere Klopapierrollen austauschen" zusammen mit „Stoßstange" wäre die Idee wert, ob an der Wand der Toilette einfach eine lange Stange befestigt würde, an der 20 oder mehr Papierrollen hängen, die dann komplett gegen neue ausgetauscht werden, wenn die ganze Stange verbraucht wurde.

Oder „Kindersitz" und „leere Klopapierrollen austauschen" könnte Sie auf die Idee bringen, dass die leeren Rollen ideales Bastelmaterial für Kinder sind. Sie können vielleicht einen Bastelwettbewerb für die Kinder der Mitarbeiter ausrufen, bei dem nur Toilettenpapierrollen verwendet werden dürfen. Die Eltern müssen ihre Kinder mit dem Rohmaterial versorgen und nehmen die leeren Rollen mit nach Hause.

Das alles klingt für Sie absurd? Vielleicht nur beim ersten theoretischen Durchlesen. Im Test am konkreten Thema in Ihrem Team werden Sie feststellen, dass mithilfe der Reizworttechnik in kurzer Zeit richtig gute Ideen entstehen, die seit 50 Jahren noch nicht da gewesen waren. Mit einem innovativen Potenzial und einer kreativen Kraft, die selbst hartnäckigsten Problemen zur Lösung verhelfen.

Der Perspektivenwechsel

- Teilnehmer: zwei bis zehn, Kleingruppen vier bis sechs Personen
- Zeitaufwand: 15 Minuten
- Ziel: die eigene Sichtweise verlernen, andere Perspektiven einnehmen, den Wald trotz aller Bäume sehen

Beim Perspektivenwechsel, der zu einer unserer Lieblingsmethoden zählt, wird die Aufgabenstellung aus einer anderen Warte mit einer anderen Sichtweise betrachtet. Vergessen Sie Ihre persönlichen Bedenken und Ihre bisherige Erfahrungswelt und versetzen Sie sich zum Beispiel in die Perspektive eines Kindes, eines alten Menschen, eines Gänseblümchens oder eines Marsmenschen. Gut geeignet für den Perspektivenwechsel sind

- eine andere Person (zum Beispiel Superhelden, bekannte Personen wie Madonna, der Papst, Bill Gates, aber auch ein Klempner, eine alleinerziehende Mutter, das Marsmännchen und so weiter),

- eine andere Zeit (Vergangenheit und Zukunft, etwa Steinzeit, altes Rom, Ägypten, Mittelalter, das Jahr 3000),
- ein anderer Ort oder Kulturkreis (beispielsweise eine andere Stadt, ein anderes Land, der Hof Ludwigs XIV., die Küche Ihrer Großmutter, unter Wasser, in einem Zelt oder Ähnliches).

Betrachten Sie die Aufgabe aus der gewählten neuen Warte. Am besten, Sie schreiben während einer Workshopübung die einzelnen Perspektiven auf Kärtchen und lassen die teilnehmenden Gruppen verdeckt jeweils eine Perspektivenkarte ziehen.

Nehmen wir zum Beispiel die Aufgabe „schmutzige Kaffeetassen in die Spülmaschine stellen" aus der Perspektive Ihres Superhelden Micky Maus. Der Kopf der Maus findet sich etwa auf Giveaways oder Souvenirs wie Kaffeetassen wieder. Vielleicht sollte auf jeder Tasse der Kopf des Mitarbeiters aufgedruckt sein. Dann sieht jeder, der die Küche betritt, sofort, wer seine Tasse nicht weggeräumt hat. Das könnte einen psychologischen Effekt haben. Dann also lieber den eigenen Kopf in die Spülmaschine stecken, als bekleckert danebenzustehen …
Dasselbe Problem aus der Sicht des Hofes von Ludwig XIV. könnte so aussehen, dass dort generell niemand etwas selbst wegräumte. Dafür gab es entsprechendes Personal. Vielleicht wäre es motivatorisch, was schlussendlich wieder betriebswirtschaftlich relevant ist, einfach besser, wenn man für das Tassenelend eine „externe Lösung" fände. Zum Beispiel könnte die Putzmannschaft, die ohnehin jeden Tag kommt, den Zusatzauftrag erhalten, alle Tassen einzusammeln und zu spülen.
Aus jeder Perspektive sieht das Problem anders aus und eröffnet neue, bisher völlig ungeahnte Lösungsmöglichkeiten.

Das Superhero-Spiel

- Teilnehmer: 1-20
- Zeitaufwand: maximal 20 Minuten
- Ziel: neue außergewöhnliche Ideen

Das Superhero-Spiel ist die verschärfte Variante des Brainstormings, weil es zudem einen Rollentausch und damit einen Perspektivenwechsel zum Inhalt hat.

Am besten setzen Sie das Superhero-Spiel ein, wenn Sie in einem üblichen Brainstorming schon alle naheliegenden Ideen abgefragt und gesammelt haben. Danach schalten Sie einfach einen Gang höher, dafür suchen Sie sich Ihren persönlichen Superhelden aus. Das können bekannte, unbekannte, verwandte, berühmte, echte, gezeichnete Personen oder auch Tiere sein. Gern genommen werden zum Beispiel die eigene Großmutter, Superman, Tiger Woods, Micky Maus, Mahatma Gandhi, Winnetou, Sissi oder Albert Einstein. Seien Sie spontan, es gibt keinerlei Bewertung nach Originalität oder intellektuellem Anspruch Ihres Helden. Schreiben Sie den Namen des Helden auf einen Zettel, damit Sie ihn nicht vergessen, oder noch besser auf ein Klebeetikett, das Sie während des Ideenfindungsprozesses an Ihrem Revers oder Pulli tragen.

Verlassen Sie jetzt geistig Ihren Körper und versetzen Sie sich in die Rolle Ihres Superhelden. Denken und fühlen Sie sich in ihn hinein, werden Sie zu Ihrem Superhelden. Dann betrachten Sie dieselbe Aufgabenstellung wie beim vorausgegangenen klassischen Brainstorming noch einmal aus der Sicht Ihres Superhero. Wie würde sie oder er das Problem lösen? Was würde Winnetou mit den Schurken machen, die leere Toilettenpapierrollen einfach hängen lassen? An den Marterpfahl. Rösten? Schimpfen und verbannen? Braucht Winnetou überhaupt Klopapier auf Rollen? Was macht Ihre Oma mit Zuspätkommern und Leuten, die Ihre Kaffeetassen nicht in die Spülmaschine stellen? Ihre Großmutter hatte noch gar keine Maschine? Gut, dann hätte ohnehin jeder selbst spülen müssen. Vielleicht sollten Sie die Spülmaschine abschaffen, dann kann man zumindest nichts mehr danebenstellen. Wie würde Gandhi das Problem lösen? Friedlich. Gut, aber wie? Sitzstreik, Hungerstreik? Keine Kekse mehr in Meetings?

Sie merken schon, dass Sie über das Superheldenspiel auf völlig andere Wege und Ideen kommen als beim normalen Brainstorming. Probieren Sie es einfach aus. Laune macht es in jedem Fall.

Simulation und Szenarien

Erfahrungen müssen oder können Sie gar nicht in jedem Fall im realen Umfeld sammeln. Stellen Sie sich nur einmal vor, ein Pilot würde seine Berufspraxis allein durch reelle Flüge mit mehreren hundert Passagieren hinter sich erwerben. Im leeren oder vollbesetzten Flugzeug Tests zu fliegen oder mal mutig etwas auszuprobieren könnte übel enden. Piloten üben deswegen unter anderem mit dem Flugsimulator. Hier liegen dieselben Bedingungen wie im echten Flieger vor, es können Manöver geübt und entsprechende Fertigkeiten, sprich Erfahrungen, gesammelt werden, auf die die Intuition dann im Fall der Fälle zurückgreifen kann, ohne dass zuvor irgendjemand dabei in Gefahr geraten wäre.

Friseur-Azubis lernen auch nicht am Schopfe von Frau Meier, sondern an einem künstlichen Übungskopf. In Restaurants werden große Banketts von der Belegschaft im Vorfeld trainiert, damit im Ernstfall alles richtig abläuft. Kinder lernen auf einem kleinen Übungsparcours die Regeln des Straßenverkehrs, Astronauten trainieren ihr Verhalten in der Schwerelosigkeit in Kabinen, die auf der Erde stehen.

Warum? Um seiner Intuition in komplexen Situationen vertrauen zu können, bedarf es in erster Linie der Erfahrung, auf die unser Unterbewusstsein zurückgreifen kann, wenn wir im realen Leben in eine ähnliche Situation kommen. Durch die Simulationen können wir auf – für uns und andere – ungefährliche Weise dieses Erfahrungswissen erwerben. Jede Simulation, jede trainierte Situation macht uns sicherer und stärkt unser Vertrauen in das eigene Bauchgefühl.

Tipp: Spielen Sie Situationen im Vorfeld durch

Man kann fast jede Situation vorher trainieren, üben oder simulieren. Verkaufsgespräche können Sie zum Beispiel in Rollenspielen üben. So lassen sich Schwächen in der Argumentationskette sofort erkennen oder man lernt, Einwänden besser zu begegnen. Das perfekte Zusammenspiel mehrerer Personen bei einem Event etwa können Sie gut mit Playmobil-Männchen oder anderen kleinen Figuren aus der Spielkiste von Kindern simulieren.

Die Figuren platzieren Sie so, wie es für den Abend der Veranstaltung vorgesehen ist. Sie können sie bewegen, Situationen durchspielen und wichtige logistische Fragen beantworten: Was machen wir, wenn das rote Männchen doch lieber anderswo sitzen möchte oder wenn plötzlich alle blauen zur Garderobe gehen? Sieht die Gruppe hinter der Säule überhaupt etwas und wie soll das Personal durch diesen engen Gang die Tabletts jonglieren?

Es empfiehlt sich auch, Reden, Vorträge oder Auftritte vor Publikum im Vorfeld zu üben. Entweder in einem großen Raum, den Ihre Stimme füllen muss, vor dem Spiegel oder im Geist wie ein Skirennläufer, der die Strecke erst in seiner Vorstellung fährt, bevor er an den Start geht.

Fazit: Wer vorher simuliert und trainiert, ist klar im Vorteil; denn er verfügt über mehr Erfahrung und kann kritische Situationen in der realen Umgebung intuitiv besser lösen.

Tipp: Füttern Sie Ihr Unterbewusstsein mit neuen Erfahrungen

Sorgen Sie für Erfahrungen aus den unterschiedlichsten Bereichen. Mitteleuropäische Erfahrungen nutzen Ihnen zum Beispiel möglicherweise wenig, wenn Sie im Mittleren Osten in eine ähnliche Situation kommen, die Sie hier schon einmal erlebt haben. Machen Sie sich mit anderen Sitten, Kulturen, Lebensstilen und Traditionen bekannt, um Ihren Horizont kontinuierlich auszubauen. Lesen Sie ab und an Zeitschriften, Zeitungen und Bücher, die Sie normalerweise bzw. spontan nicht kaufen würden. Wechseln Sie Ihr Lieblingslokal, beschäftigen Sie sich mit einem Ihnen bisher völlig unbekannten Thema, zum Beispiel mit den „Villen des 18. Jahrhunderts" oder dem Thema „Kaffee".

Gehen Sie mit offenen Augen durch die Welt, sprechen Sie mit Experten, Kennern und Laien aus anderen Themengebieten, beobachten Sie diese Leute, lernen Sie von Ihnen und füttern Sie unentwegt Ihr Unterbewusstsein mit vielfältigen Erfahrungen.

Mut

Wir können nicht alles mit dem Verstand erfassen und lösen. Das bedeutet, wir haben unser Leben und Tun nicht vollständig unter Kontrolle und können es nicht jederzeit beliebig beeinflussen. Dieser Verlust von Kontrolle geht einher mit dem Schwinden von Sicherheit. Und Sicherheit ist eines der elementaren und wichtigsten Themen, das sich durch beinahe alle Lebens- und Arbeitsbereiche zieht. Es erfordert aber ein gewisses Maß an Mut, sich von der Vorstellung zu verabschieden, man könne für absolute Sicherheit sorgen.

„Willkommen in der Hochsicherheitsgesellschaft", so titulierte der Trendforscher Matthias Horx die Lage nach den Attentaten des 11. September 2001 in den USA. Wir erleben Terrorakte, Entführungen, verseuchte Lebensmittel, bedrohliche Krankheiten, zunehmende Kriminalität, Katastrophen am laufenden Band.

Da reicht es nicht mehr aus, dass man abends seine Haustür von innen abschließt oder mit Alarmsystemen wie der Hochsicherheitstrakt eines Gefängnisses ausstattet. Sicherheit ist leider ebenso wenig rational wie Entscheidungsfindung, Personalauswahl oder Aktienanlagen. Sie ist ein individuelles Erleben. Der eine fühlt sich sicher, wenn er 20.000 Euro auf seinem Konto angespart hat, der andere, wenn ihm eine Immobilie gehört, die Miete einbringt. Für die einen ist es weniger riskant, mit dem Zug zu fahren, als sich ins eigene Auto zu setzen. (Erinnern Sie sich noch an das Beispiel des Psychologen Gigerenzer zum Verhalten der Amerikaner nach dem 11. September in Bezug auf das Fliegen?)

Einer unserer Bekannten schließt sein Auto immer ab, auch wenn es in der ebenfalls geschlossenen Garage steht. Andere schließen es nicht einmal zu, wenn sie ihren Wagen vor dem Einkaufszentrum abstellen und erst nach einer Stunde wiederkommen. Sicherheit ist „gefühlt" wie die Außentemperatur. Sie ist relativ und hängt – und hier schließt sich der Kreis wieder – von Erfahrungen ab, von guten und schlechten, von Vertrauen, von persönlichen Situationseinschätzungen, kurz: von Intuition und Bauchgefühl.

Tipp: Sicherheit ade!

Verabschieden Sie sich von der Hoffnung auf absolute Sicherheit! Die gibt es nicht. Und genauso wenig sicher kann Ihnen heute jemand sagen, was morgen passiert. Auch Ihr Chef nicht. Denn es kommt erstens meist anders und zweitens, als man denkt. Also hören Sie auf zu denken und setzen Sie mutig Ihre Intuition ein.

Sie kommen sonst auch nie dahinter, welch großartige Schätze in Ihrem Unterbewusstsein gespeichert sind.

Raus damit! Auch mutig sein kann man trainieren. Je öfter man es ist, umso leichter wird es beim nächsten Mal sein.

Mut ist:

- „... wenn man Todesangst hat, sich aber trotzdem in den Sattel schwingt" (John Wayne).
- „... die erste aller menschlichen Eigenschaften, da sie alle weiteren garantiert" (Winston Churchill).

In den bisherigen Kapiteln haben Sie erfahren, in welchen Situationen Sie getrost auf Ihre Intuition vertrauen sollten und wann bewusstes Nachdenken angezeigt ist. Sie kennen Fallen, in die Sie intuitiv tappen können, und Möglichkeiten, dem vorzubeugen. Zudem haben Sie einige Werkzeuge und Tipps an die Hand bekommen, um mit Ihrer Intuition im Alltag bewusst umzugehen. Sie sind also gut ausgestattet, um Ihre Intuition nun „in Betrieb zu nehmen".

Wir wollen Ihnen im Folgenden anhand verschiedener Entscheidungssituationen und -konstellationen zeigen, dass Sie auf Ihre Intuition vertrauen können und wie Ihnen die intuitiven Fähigkeiten helfen, Ihr berufliches Tun gezielter, effizienter, varianten- und erfolgreicher zu gestalten.

Entscheidungen in komplexen Situationen

Unser Leben ist komplexer geworden, die Menge an Möglichkeiten bei der Berufswahl, bei der Gestaltung von Partnerschaft und Familie oder bei der Auswahl von Produkten hat rasant zugenommen.
Betrachten Sie nur einmal die Automobilproduktion: Fast jeder Hersteller hat seine Produktpalette in den letzten zehn Jahre ausgeweitet. Es gibt mehr Modelle und noch mehr Varianten bis hin zu individuellen Spezialausführungen. Dem Wunsch nach Sonderausstattungen sind kaum Grenzen gesetzt, bei der Farbauswahl stehen Ihnen über 500 Töne zur Verfügung. Dass ein solches Angebot die Automobilproduktion und das Pkw-Geschäft im Ganzen hat komplexer werden lassen, liegt auf der Hand.

Auch die Medienlandschaft hat sich enorm verändert. Über das Internet haben wir heute Zugang zu unzähligen Informationen rund um den Globus und können mit jedem beliebigen Menschen Kontakt aufnehmen. Sprüche wie „Das einzig Konstante ist der Wandel", „Die Schnellen fressen die Langsamen" oder „Wer stehen bleibt, hat verloren" verstopfen unsere Ohren und lassen uns mehr oder weniger blind in diesem Rennen mitlaufen.

„Multitasking" taucht als Begriff ebenfalls gern in diesem Rahmen auf. Diese Fähigkeit wird vor allem Frauen nachgesagt und bedeutet, viele verschiedene Aufgaben parallel handhaben, steuern, bedenken oder spielerisch aneinander vorbeimanövrieren zu können. Das bedeutet bei vielen Frauen: Essen kochen, dem Kind zuhören, die nächste Besprechung vorbereiten, an den Geburtstag der Schwiegereltern denken, den Blumen schnell noch Wasser geben, den Einkaufszettel schreiben, das ausgeliehene Buch beim Nachbarn vorbeibringen, Wäsche in die Maschine stopfen, mit dem Klempner einen Termin vereinbaren, weil es beim Schleudergang rumpelt, Post sortieren und dergleichen mehr. Da wird man ja schon beim Lesen kurzatmig.

„Komplex" ist das Gegenteil von „einfach". „Komplex" heißt, dass etwas aus vielen kleinen Einzelteilen besteht, die eine größere Einheit bilden. Komplexität führt zu einer gigantischen Menge an Informationen, die in immer kürzerer Zeit durchforstet werden soll, zu mehr Druck und zur Unfähigkeit, alles zu kontrollieren.

Das schafft unser Geist allein nicht. Dazu sind wir von unserem Verstand her zu limitiert. Komplexität können wir nur beherrschen, wenn wir unsere Intuition einsetzen und das Hirn an den Bauch delegiert. Wir brauchen ein funktionsfähiges Radarsystem, einen zuverlässigen Steuermann, der uns durch diesen sumpfigen Nebel navigiert. Und genau diese Funktion übernimmt die Intuition.

Sie müssen Prioritäten setzen

Den Satz haben Sie bestimmt schon öfter gehört. Aber wie? Lassen Sie Ihre Intuition entscheiden. Hören Sie auf Ihren Bauch, lassen Sie die spontane Reaktion zu und fangen Sie nicht an, Ihre innere Stimme mit dem Kopf zurechtzubiegen, denn sonst rennen Sie den ganzen Tag von links nach rechts, sind fleißig und haben am Abend 14 Stunden Dauereinsatzes nur wenig Geld verdient.
Tun Sie dieses Gefühl nicht einfach ab, sondern versuchen Sie, Ihre Intuition zu verstehen.

Tipp: Prioritäten setzen

Machen Sie sich eine Liste mit den Tätigkeiten, die am Ende des Tages Geld bringen, und mit denen, die Sie unentgeltlich machen. Überlegen Sie, welche dieser Tätigkeiten Sie sich weiterhin „leisten" können, müssen oder wollen.

- Leisten können: Welche Tätigkeiten machen nur Arbeit, kosten Zeit, bringen kein Geld und sind im Grunde für nichts gut?
- Leisten müssen: Es gibt moralische oder gesellschaftliche Verpflichtungen, die sich nicht in Zahlen messen lassen. Dazu gehört unter anderem die Pflege eines Familienangehörigen, ein Ehrenamt oder ein gemeinnütziges Engagement.
- Leisten wollen: Sie möchten sich in Ihrem Betrieb neben Ihrem eigentlichen Job noch um das Thema „Müllvermeidung" kümmern oder können ohne die Gartenarbeit am Wochenende nicht leben? Da hat jeder von uns andere Prioritäten.

Wenn Sie sich unter dem definierten Aspekt: „Weniger Aktivität, mehr verdienen" neu orientieren möchten, dann sollten Sie die drei Kategorien noch einmal durchgehen und auf Ihrer To-do-Liste Streichungen vornehmen. Halten Sie dabei die Reihenfolge ein und übergeben Sie Ihrer Intuition das Ruder. Lassen Sie den Bauch den Stift führen und nehmen Sie sich maximal fünf Minuten Zeit. Tun Sie dies allein, ohne mit jemand anderem darüber zu sprechen. Sie werden staunen, wie schnell und präzise Ihre Entscheidungen ausfallen.

Übung 3: Die Probe aufs Exempel

Machen Sie den Umkehrtest, um das Zusammenspiel aus Verstand und Gefühl zu reflektieren. Besprechen Sie Ihr Problem und Ihre Liste (ohne die Streichungen!) mit Kollegen, Freunden oder Ihrer Familie. Diskutieren Sie darüber, versuchen Sie gemeinsam, Entscheidungen zu treffen. Beobachten Sie:

- Wie lange dauert der Entscheidungsprozess?
- Konnten Ihre Gesprächspartner neue Aspekte einbringen, die Sie selbst noch nicht bedacht hatten?
- Unterscheidet sich das gemeinsame Ergebnis von dem vorhergehenden?

Vielleicht kommen Sie zum Schluss, dass Ihnen die Entscheidung mithilfe Dritter leichter fällt und sich der zeitliche Mehraufwand lohnt. Möglicherweise erkennen Sie aber auch, dass Sie sich ruhig auf Ihre Intuition und Ihr Bauchgefühl verlassen können.

Weniger ist mehr

Das Motto „Weniger ist mehr" hilft Ihnen auch, die Komplexität im Job in den Griff zu bekommen.

Übung 4: Zu viel

Überlegen Sie, wovon es in Ihrem Tagesgeschäft „zu viel" gibt. Schreiben Sie alles auf. Auf dieser Liste könnte zum Beispiel stehen:

- zu viele E-Mails
- zu viel Müll
- zu viele Meetings
- zu viel Zeit
- zu viele Köche, die den Brei verderben
- zu viele Produktvarianten
- zu viel Interpretationsspielraum
- zu viele Formulare.

Überlegen Sie nun, wovon Sie zukünftig weniger haben möchten. Im Idealfall gründen Sie mit Kollegen oder Ihrer ganzen Abteilung eine Arbeitsgruppe oder rufen die Aktion „Weniger ist mehr" ins Leben, die unnötigen Ballast abschafft und den Einsatz der Intuition promotet. Zweiflern drücken Sie die wissenschaftlichen Erkenntnisse in die Hand. Probieren Sie es aus, sonst ändert sich nie etwas.

Entscheidungen mit vielen Unbekannten

Wir haben im Job für die meisten Entscheidungen wenig Zeit. Und gerade die komplexen Fragestellungen mit den großen Auswirkungen müssen oftmals unter extremem Termindruck gefällt werden. Da heißt es mit vielen Unbekannten und dem Unvorhersehbaren rechnen, ohne alles im Vorfeld wirklich bedenken zu können.

10.000-mal am Tag ja oder nein

Wie viele Entscheidungen treffen Sie im Laufe eines Arbeitstages? Sicherlich mehrere hundert bis tausend – oder sogar eher zehntausend? Von den meisten bekommen Sie bewusst gar nichts mit. Stehe ich jetzt auf? Gehe ich erst später ins Büro? Weißes Hemd? Blauer Rock? Veranlasse ich heute ein wichtiges Meeting? Wen nehme ich ins Team? Mit wem bespreche ich das Problem? Soll ich den Vertrieb schon jetzt ins Boot holen? Nehmen wir dieses Produkt aus dem Sortiment? Stelle ich Person A oder B ein? Mit wem gehe ich Mittag essen? Soll ich kündigen? Oder doch lieber auswandern? Was schätzen Sie: Wie viele dieser Entscheidungen treffen Sie auf der Verstandesebene, wie viele intuitiv? Der amerikanische Neuropsychiater Antonio Damasio ist der Meinung, dass bei rund 90 Prozent aller Entscheidungen die Intuition mit im Spiel ist, privat wie beruflich.

Die folgende Übung soll Ihnen die enorme Komplexität der intuitiven Entscheidungsprozesse verdeutlichen und veranschaulichen, wie Ihr Unterbewusstsein unbekannte bzw. unvorhersehbare Faktoren in kürzester Zeit verarbeitet.

Übung 5: Die Intuitionsbibliothek

Stellen Sie sich Ihre Intuition doch einfach bildlich vor. Setzen Sie hierfür Ihre rechte Gehirnhälfte in Gang und wühlen Sie in Ihrem Unterbewusstsein.

Suchen Sie aus Ihrer Erinnerung das Bild einer gigantischen Bibliothek heraus, die – wie bei Bibliotheken üblich – gefüllt ist mit Büchern und Zeitschriften. In einem zweiten Raum gibt es zudem Tische mit Computerarbeitsplätzen. An der Wand hängen große Anzeigetafeln, wie man sie von der Börse oder vom Bahnhof und Flughafen kennt. Dort erscheinen eine Menge verschiedener Informationen: Texte, Zahlen, Bilder, Filme, Zeichnungen, Gegenstände.

Jetzt riecht es plötzlich nach Zitrone und gleich darauf nach Motorenöl. Sie laufen gerade am Duftregal der Bibliothek vorbei. Dort gibt es anstelle von Regalbrettern kleine Schubladen, die beim Aufziehen unterschiedlichste Aromen verströmen. Genau gegenüber hängen, wie in dem Musikgeschäft in der Innenstadt, Kopfhörer an der Wand. Aus einem davon erklingt Musik, aus einem anderen kommt ein Hörspiel und aus dem dritten ertönen Geräusche wie das Knarren einer Tür.
Zwei Etagen höher, von wo aus man einen ganz anderen Blick auf das Treiben unten hat, steht die Tastwand mit verschiedenen kleinen Materialtafeln. Wenn Sie mit der Hand darüberfahren, spüren Sie stoffliche Gewebe. War das ein Kuhfell? Eine Schlangenhaut?

Treten Sie jetzt an das Treppengeländer heran und schauen Sie nach unten. Was für ein Gerenne! Kleine schwarze Figuren laufen geschwind in alle Richtungen und kreuz und quer durcheinander. Das sind die Bibliothekarsgehilfen. Die können Sie sich vorstellen, wie Sie möchten: als kleine wichtige Zwerge, freundliche Aliens mit zig Armen oder als herumsausende Bits und Bytes, Laserstrahlen oder Lemminge, je nachdem, was Ihr Unterbewusstsein da für Sie bereithält. Alle sind emsig, legen Dokumente an, geben Daten in die Computer ein, sortieren Gerüche in die Schubladen und hängen neue haptische Materialtafeln an die Tastwand.

Dann leuchtet plötzlich die rote Lampe auf, die an der Spitze eines hohen Mastes befestigt ist, der mitten im Raum steht – eine Anfrage an das Unterbewusstsein geht ein. Ein Piepton ertönt und auf einer der Leuchtanzeigen wird das Problem formuliert und gleichzeitig per Gedankenübertragung den Bibliothekarsgehilfen übermittelt: „Soll ich diese Frau heiraten?", „Kündigen oder nicht?", „Jetzt mal laut die Meinung sagen oder einfach weggehen?", „Grün oder rot?", „Ente süß-sauer oder Ravioli?" ...

Wie geht die Geschichte in Ihrem Kopf weiter? Vielleicht rennen die kleinen Helfer eifrig in alle Richtungen, reißen Schubladen auf, zerren Infos ans Tageslicht, blättern, googeln in der Unterbewusstseins-Suchmaschine und reichen Ihnen dann einen Zettel, auf dem steht: „Heirate sie, was Besseres kriegst du nicht mehr und sie kann kochen!" Oder sie rufen Ihnen zu: „Nimm das rote Kleid, das grüne sieht krank aus." Oder: „Kündige! Sofort! Dein Chef ist unerträglich!" Und das alles im Bruchteil einer Sekunde.

Kurzer Zwischencheck: Haben Sie vor Ihrem geistigen Auge ein Bild gesehen? Konnten Sie etwas riechen, schmecken, fühlen? Hat sich Ihre rechte Gehirnhälfte in Gang gesetzt? Wenn ja, gut, dann hat die Übung funktioniert. Wenn nein, bitten Sie jemanden, der gut sprechen kann und dessen Stimme Sie mögen, Ihnen die Passage noch einmal vorzulesen, während Sie die Augen schließen.

Vielleicht hilft Ihnen diese Geschichte, die Ihr Unterbewusstsein aktiviert und sich zugleich darin festgesetzt hat, die Entscheidung Ihres Bauches aufzuwerten, falls Sie in der Hektik des Alltags hin und wieder vergessen, dass Ihre Intuition oftmals die besseren Entscheidungen trifft als Ihr Verstand. Rufen Sie sich das Bild, das mit dieser Geschichte verbunden ist, ins Gedächtnis und akzeptieren Sie, dass Sie in dieser komplizierten Entscheidungssituation, in der Sie gerade stecken, Ihrer Intuition vertrauen können. Ihre Intuition macht es sich bei der Entscheidungsfindung nicht leicht. Die kleinen Bibliothekarsgehilfen geben alles. Sie suchen in sämtlichen verfügbaren Quellen, aktivieren alle Wahrnehmungsarten, die Ihnen zur Verfügung stehen, und legen sich mächtig ins Zeug, um Ihnen eine brauchbare, erprobte Lösung anzubieten. Nutzen Sie diese. Und wertschätzen Sie die Leistung Ihrer intuitiven Bibliothek.

Beispiel: Mal Intuition, mal Strategie

In einem *Focus*-Artikel (Ausgabe Nr. 30/2007) mit der Überschrift „Mal Intuition, mal Strategie" wird von einem Mann berichtet, dem bei einem Jagdunfall durch einen Schuss das Kniegelenk zertrümmert wurde. Die Mediziner im nächstgelegenen Krankenhaus stellten eine schockierende Diagnose: Das Bein müsse amputiert werden, steif bleibe es in jedem Fall.

Mit diesem Urteil wollte sich der Betroffene aber nicht abfinden. Er verließ gegen den Rat der Experten die Klinik, organisierte selbst einen Krankentransport und fand eine Spezialklinik, die sein Bein nicht sofort amputieren wollte. Nach vielen Operationen, Behandlungen und Reha-Maßnahmen konnte er nach zwei Jahren sogar wieder Rad fahren.
„Ich habe aus dem Bauch heraus entschieden", sagt der Patient. Ob sein Handeln vernünftig war, sei dahingestellt. Das Ergebnis gibt seinem Bauchgefühl jedoch recht.

Wer nicht denken kann, muss fühlen

Eine wichtige Frage, die die Wissenschaftler beschäftigt, ist, ob wir unsere unterbewusste Bibliothek bzw. dieses innere Speichermedium auch für komplexe Frage- und Problemstellungen nutzen können und ob die Antworten brauchbar sind. Oder sollten weitreichendere Entscheidungen besser überlegt und rational belegbar sein. Dürfen wir nur „Mini-Entscheidungen“, deren Konsequenzen unwesentlich sind, dem Bauch überlassen? Das Beispiel des Mannes mit dem Jagdunfall zeigt, dass komplexe Situationen intuitiv erfolgreich gelöst werden können. Wissenschaftliche Beobachtungen bestätigen dies.

Beispiel: Alles zu seiner Zeit – Verstand und Intuition

Professor Ap Dijksterhuis, Psychologe und Wissenschaftler an der Universität von Amsterdam, fand durch verschiedene Tests sogar heraus, dass die Intuition gerade bei komplexen Entscheidungen zu den besten Ergebnissen führt.

In einem dieser Versuche ging es um die Simulation eines Autokaufs. Zur Auswahl standen vier verschiedene Fahrzeuge. Die Probanden, die in zwei Gruppen eingeteilt wurden, sollten das beste Auto auswählen. Eine Gruppe erhielt zur Entscheidungsfindung viele Informationen und ausreichend Fakten, die andere nur wenig Datenmaterial. Vor der endgültigen Entscheidung konnten sich einige der Testpersonen noch einmal kurz die entscheidenden Fakten ins Gedächtnis rufen und sich mit den Vor- und Nachteilen auseinandersetzen, während die anderen Probanden mit Rätselspielen abgelenkt wurden. Der simulierte Autokauf brachte zwei Ergebnisse:

- In der Gruppe der Testpersonen, die über ausreichend Fakten und Informationen zu den Fahrzeugen verfügten, wählten diejenigen das beste Auto aus, die vorher spielerisch abgelenkt worden waren.
- In der zweiten Gruppe, die nur wenig Sachinformation hatte, trafen diejenigen die beste Wahl, die sich vorher noch die wenigen Fakten vor Augen führten und die Vor- und Nachteile bedenken konnten.

Prof. Dijksterhuis zieht daraus den Schluss, dass der Mensch bei einfachen Dingen davon profitiert, den Verstand einzusetzen und bewusst das Für und Wider abzuwägen. Geht es dagegen um komplexe Angelegenheiten, sollte man besser seiner Intuition vertrauen.

Der Bauch denkt, der Kopf lenkt

Der Heidelberger Sozialpsychologe Dr. Hennig Plessner empfiehlt, in Entscheidungssituationen zunächst auf den Bauch zu hören und das Ergebnis aufzuschreiben. In einem zweiten Schritt sei es dann sinnvoll, zu überlegen, ob diesem Gefühl repräsentative Erfahrungen zugrunde liegen. Falls ja, könne man es wagen, auf die Intuition zu hören; falls nein, sei Vorsicht geboten.

Gerade im Businessalltag machen viele von uns das, was Plessner empfiehlt, ohne es bewusst zu registrieren. Sie stehen vor einem Problem und spüren instinktiv, welche die richtige Entscheidung ist. Allerdings haben sie dann noch ein zweites Problem: Wie erklären sie diese intuitive Entscheidung ihren eher zahlen- und faktenorientierten Kollegen und Vorgesetzten?

Beispiel: Wie würden Sie entscheiden?

Morgen früh müssen Sie vor dem versammelten Vorstand die Entscheidung darüber präsentieren, ob das Unternehmen als Produzent von biologischen Baustoffen ins Onlinegeschäft einsteigen sollte oder nicht. Die Entscheidung hat weitreichende Folgen und würde Ihr Business von heute auf morgen verändern.

Die Marktforschungsdaten, auf die Sie zurückgreifen können, sind dürftig und lassen keine eindeutige Prognose zu. Auch der Internetverkauf in diesem Bereich steckt noch in den Kinderschuhen; und welche Entscheidungen die Politik die nächsten Jahre in Sachen Förderung treffen wird, kann niemand voraussagen. Der Markt an sich hat enormes Entwicklungspotenzial, nur welches genau, weiß niemand.

Für Sie ist der Fall jedoch klar, das war er von Anfang an. Sie befürworten den Onlinevertrieb. Sie sehen Chancen, erkennen Wettbewerbsvorteile und interne Entwicklungsmöglichkeiten. Nur so richtig begründen und anhand von Zahlen, Daten, Fakten belegen können Sie das Ganze nicht. Ihre Intuition sagt Ihnen zu 100 Prozent: „Ja, mach es!" Die Sachargumente sprechen nicht direkt dafür, aber auch nicht dagegen. Man kann das Zahlenmaterial so oder so auswerten, mit unterschiedlicher Konsequenz. Was tun Sie morgen bei Ihrer Präsentation vor dem Vorstand?

1. Ich erläutere die Lage, nenne das Für und Wider der vorliegenden Daten und überlasse die Entscheidung dem Vorstand.
2. Ich erläutere die Lage, nenne das Für und Wider der vorliegenden Daten und spreche mich ganz klar für den Einstieg ins Onlinegeschäft aus mit dem Hinweis, ich wisse intuitiv, dass „es klappen" wird, und wolle dies gern beweisen.
3. Ich spreche mich für den Interneteinstieg aus und führe dazu logische Beweise an, die ich dem vorliegenden Datenmaterial entnehme. Ich habe viel Zeit darauf verwandt, die Zahlen und Fakten so zu interpretieren, dass sie logisch zu meinem „Ja" passen, um den Vorstand zu überzeugen.

1. Wenn Sie sich für die erste Möglichkeit entschieden haben, dann haben Sie keine Entscheidung über das weitere Vorgehen in Sachen Onlinegeschäfte getroffen. Das war nicht die Aufgabe.
2. Bei der zweiten Alternative haben Sie nach Prüfung und Analyse der vorliegenden Informationen eine intuitive Entscheidung getroffen und dies auch so kommuniziert.
3. Hat Ihnen eher die dritte Möglichkeit zugesagt, dann haben Sie eine intuitive Entscheidung getroffen, diese aber aus Mangel an Beweisen so hingebogen, dass sie nach einer rational, logisch begründbaren Entscheidung aussieht. Das ist nicht verwerflich und wird vielfach praktiziert. Wir versuchen, die Bauchentscheidung, der wir nicht vertrauen, mithilfe der Ratio sachlogisch erscheinen zu lassen. Der Impuls ist intuitiv, die dazu passende Geschichte denken wir uns oft danach aus. In den meisten Fällen, um unsere Entscheidung gegenüber Dritten zu verargumentieren und nachvollziehbar zu machen. Das kann, muss aber nicht funktionieren. In Schritt 7 („Intuition richtig kommunizieren") gehen wir darauf noch im Detail ein.

Für und Wider von Pro-und-Kontra-Listen

Der simulierte Autokauf und andere Tests zeigen, dass die von vielen Ratgeberbüchern und Beratern so oft vorgeschlagenen Pro-und-Kontra-Listen nicht immer zum Ziel führen. Sie haben Ihre Berechtigung dort, wo die Menge an Informationen vom Kopf bewältigbar ist und Ihnen Zeit zum Überlegen bleibt.

Natürlich werden Sie in solch einem Fall die Fakten nicht ignorieren und mutig vom Tisch in den Papierkorb fegen. Möglicherweise kommen Sie aber nach reiflicher Überlegung des Für und Wider zu dem Schluss, dass trotzdem keine eindeutige Entscheidung auf Sachebene möglich ist.
Entweder Sie geben jetzt auf, vertagen das Problem auf den Moment der göttlichen Eingebung, konsultieren eine Kartenlegerin – oder Sie verlassen sich auf Ihren Bauch und die Kraft der Intuition.

Plus, Minus, Interessant

Dem „Kreativitätspapst" Edward de Bono verdanken wir unter anderem den PMI-Test, eine interessante Methode, die wir gern bei unseren Workshops zur schnellen Bewertung von Ideen einsetzen:

- P steht für Plus,
- M für Minus und
- I für Interessant.

Und genau auf dieses I kommt es jetzt an, da diese dritte Komponente die oft zu einfache Plus-und-Minus-Liste ergänzt. Gehen Sie beim PMI wie folgt vor: Notieren Sie zuerst alle Aspekte des Problems, der Aufgabe oder der Idee nach dem Plus, also schreiben Sie alles auf, was daran gut ist. Im zweiten Schritt notieren sie alles Negative.

Im dritten Schritt nehmen Sie sich die Minus-Liste vor und betrachten Sie Punkt für Punkt unter dem Aspekt „Interessant". Könnte in den negativen Punkten nicht doch irgendetwas stecken, was Potenzial hat? Etwas, das bei näherer Betrachtung interessant sein könnte, das aus einem negativen Aspekt plötzlich eine Riesenchance macht?

Beispiel: Handschlag statt Vertrag

Sie überlegen sich als seriöses Bankinstitut, ob Sie anstelle der seitenlangen Kreditverträge wieder die altbekannte und bewährte Geschäftssitte des Handschlags als verbindliche Zusage von Bank zu Kunde einführen sollen.
Sie machen den PMI-Test und auf Ihrer Minus-Liste steht unter anderem der Punkt: „Wir wären die Ersten, die das versuchen, und bewegen uns auf unbekanntem, nicht einschätzbarem Terrain."

Betrachten wir nun diesen negativen Punkt unter dem Aspekt „Interessant", dann stecken genau hier Potenziale. Der Erste mit einer neuen Idee zu sein ist großartig. Nach so einem Wettbewerbsvorteil suchen doch alle. Das würde für Wirbel sorgen, wäre ein exzellentes Pressethema und ein echtes Argument in der Kundenakquisition.
Unter dem Aspekt „Interessant" wird ein negatives Argument zu einem attraktiven Positionierungsvorteil.

Best Case, Worst Case

Eine andere sinnvolle Methode für Pro-und-Kontra-Betrachtungen ist die Szenariotechnik, die wir bereits im Werkzeugkasten der Intuition unter dem Stichwort „Simulation“ beschrieben haben. Wenn Sie sich nicht entscheiden können, dann simulieren Sie die Situation im Vorfeld. Und zwar im ersten Fall als Best Case, das heißt mit optimalem Ausgang und Wunschergebnis. Wie sähe es aus, wenn der Plan zu 100 Prozent erfolgreich wäre, was würde passieren, wenn Ihre Entscheidung von phänomenalem Erfolg gekrönt wäre? Wie viel mehr Umsatz könnten Sie machen? Wie würden Sie expandieren? Könnten Sie alle alten Schulen abzahlen und neu investieren? Die Zeitungen wären voller Erfolgsmeldungen, Sie kämen in die „Hall of Fame“ der Wirtschaftsentscheider oder was sonst noch alles im besten Fall passieren würde.

Im zweiten Szenario überlegen Sie sich genau das Gegenteil, den Worst Case. Was passiert, wenn alles schiefgeht? Sie verlieren Ihren Job, die Firma ist insolvent, alle lachen über Sie, Ihr Ehepartner und alle Freunde wenden sich von Ihnen ab, Sie müssen das Land verlassen. Der Best Case motiviert, der Worst Case hilft, Ängste zu überwinden, die in den meisten Fällen Entscheidungen blockieren. Fühlen Sie sich ganz intensiv in die schlimmsten aller Folgen ein und überlegen Sie, ob Sie mit den Konsequenzen leben könnten.

Verblüffend beim Worst-Case-Szenario ist nach näherer Betrachtung oftmals, dass ganz wenig passieren würde, die Folgen gar nicht so schlimm wären und wir uns vor Konsequenzen fürchten, die mit nur geringfügigen Blessuren zu verschmerzen wären.

Die schnelle Entscheidung

Markus Merk, der wohl bekannteste deutsche Schiedsrichter (Weltschiedsrichter der Jahre 2004, 2005 und 2007), kennt sich aus mit

schnellen Entscheidungen. Und das zudem unter immensem Druck und vor den Augen von Millionen hochemotionaler Fans und Zuschauer, von denen einige „wissen, wo sein Auto steht“, und meist mehr sehen als der Schiedsrichter selbst.
In einem seiner Vorträge sagte Merk: „Die schnelle Entscheidung galt jahrelang für mich als bestes Alibi für strittige oder sogar falsche Entscheidungen. Natürlich sehe ich die Risiken, aber heute umso mehr die Chancen. Die einfache Regel des Volksmundes sehe ich überwiegend bestätigt ‚Der erste Gedanke ist der Beste!‘“

Wir wissen nicht, ob er die in Schritt 1 aufgeführten Faustregeln Gigerenzers kennt, speziell die Devise „Entscheide nach dem ersten Grund“. Spontan hat er in jedem Fall oft und erfolgreich danach gehandelt.

Entscheidungen bei neuen Ideen

Kennen Sie das „erste Aronson'sche Gesetz“? Elliot Aronson ist einer der weltweit angesehensten Sozialpsychologen und sein erstes Gesetz besagt Folgendes: „Menschen, die Verrücktes tun, sind nicht unbedingt verrückt.“

Diese Feststellung hat verschiedene Konsequenzen, zum Beispiel bei Personalentscheidungen. Nur weil ein Bewerber etwas schräg aussieht, wirre Haare hat und südamerikanische Wandereidechsen sammelt, muss er oder sie nicht automatisch komplett verrückt sein. Ein guter Menschenkenner würde versuchen, spontane Vorurteile wahrzunehmen, aber zu hinterfragen. Er würde bei der Beurteilung zwischen der Person und ihrem Verhalten trennen, was nur einer gemeinsamen Anstrengung von Verstand und Intuition möglich ist. Nicht jede einzelne Handlung eines Menschen lässt eins zu eins einen eindeutigen Schluss auf den allgemeinen Geisteszustand zu.

Dieses kleine Gesetz der Sozialpsychologie trifft auch oft zu, wenn es um neue Wege in Bezug auf Innovationen geht. Dann, wenn die Aufgabe lautet, etwas zu tun, was so bisher noch nicht da war und damit wirklich neu und innovativ ist. Beim Aufruf zum Erneuern entstehen verrückte Dinge und Menschen benehmen sich wunderlich. Das ist gut so, das gehört zur Aufgabenstellung. Nur wer groß denkt, die normalen Pfade verlässt und sich bewusst auf geistige Abwege begibt, hat die Chance, eine neue Richtung einzuschlagen und frische Ideen zu entwickeln. Man kann morgens mental herumflippen und völlig verrücktes Zeug machen und sich nachmittags an sein Betriebswirtschaftsstudium erinnern, Kosten-Leistung-Rechnung betreiben und die morgendlichen Ideen nach Potenzialen abchecken.

Ein anderes Sprichwort besagt: „Beurteile jemanden nicht nach dem, was er sagt, sondern nach dem, was er tut.“ Widerspricht das dem Aronson'schen Gesetz oder bestätigt es die Aussage? Beides. Der Sinnspruch will wohl in erster Linie davor schützen, Schwätzer und Dampfplauderer zu hoch einzuschätzen und Worte statt Taten zu würdigen. Es weist aber ebenso auf einen Unterschied in der Wahrnehmung hin, der uns in Bezug auf die Intuition beschäftigt.

Tipp: Wagen Sie ein Stück „Verrücktheit"
Seien Sie wachsam und lassen Sie sich nicht von schnellen Vorurteilen leiten, wenn Sie es mit dem Verhalten von Kollegen zu tun haben, das Ihnen seltsam bis durchgeknallt vorkommt. Fragen Sie kurz nach, ob die betreffende Person gerade neue Wege geht, und gehen Sie ein Stück mit.

Der Kreativität den Weg bereiten

Kreativität ist eine Fähigkeit, die sich nicht auf Werbeabteilungen beschränkt. Dort findet man nach unseren Beobachtungen manchmal sogar erschreckend wenig davon. Kreativität ist in allen Bereichen des Unternehmens wichtig und sollte da zu Hause sein, wo dieser Satz an Ihr Ohr dringen könnte: „Lassen Sie sich mal was einfallen!“ Sicher hören Sie ihn oft am Tag oder sagen ihn selbst zu Ihren Kollegen und Mitarbeitern:

- „Frau Müller, was können wir denn tun, damit sich unsere Gäste während der Meetings besser betreut fühlen? Gibt es möglicherweise noch eine andere Keksmischung und Kaffee, der richtig gut schmeckt, oder … na, Ihnen wird da schon was einfallen!“
- „Frau Maier, der An-aus-Knopf an diesem Gerät wird immer wieder von den Kunden beanstandet. Das müssen wir optimieren. Bin gespannt, was Ihnen dazu einfällt.“

So oder so ähnlich werden Aufgaben an Sie herangetragen und dann sind Sie gefragt. Leider stehen die meisten dieser Fragen nicht unter „FAQ“ in irgendeinem Handbuch. Sie müssen Ihre Gehirnzellen an-

strengen und selbst kreativ sein. Ein gute Chance, die eigene Intuition ins Spiel zu bringen.
Hören Sie genau hin, was Ihnen Ihr Unterbewusstsein sagt, bevor Sie aus Routine („Haben wir schon immer so gemacht") oder übertriebenem Sicherheitsdenken nur die naheliegendste Lösung ansteuern.

Beispiel: Besserer Kaffee

Beim Stichwort „besserer Kaffee für die Meetings" könnten Sie vielleicht einen spontanen intuitiven Wink bekommen und sich an die letzte Woche erinnern. Da haben Sie möglicherweise in einem kleinen Café in der Nähe den besten Cappuccino Ihres Lebens getrunken. Hier waren echte Profis am Werk. Nur die Kaffeesorte in der Firma zu wechseln bringt wahrscheinlich wenig. Vielleicht sollten Sie mit dem Café Kontakt aufnehmen, dessen Know-how nutzen und die begnadeten „Kaffeeköche" als kulinarisches Highlight des nächsten wichtigen Meetings engagieren.
Sie könnten auch eine andere Kaffeemaschine erwerben, die nicht große Mengen „Plörre" für den Massenkonsum herstellt, sondern kleine, individuelle Einzelvarianten je nach Geschmack des Meetingteilnehmers.

Zu aufwendig? Zu teuer? Wird ja eh nichts draus? – Haben Sie es schon versucht? Biegen Sie bitte nicht den schönen Gedanken an das Erlebnis im Café, diesen Wahnsinnsgeschmack, den Ihre unterbewusste Bibliothek in der Duftwand abgespeichert hat, und das spontan gute Gefühl, das Sie gerade bei Ihrem intuitiven Einfall hatten, durch den Verstand wieder in eine andere Richtung. Lassen Sie sich nicht von vorgeschobenen, scheinbar logischen Argumenten oder einer gewissen Bequemlichkeit leiten. Folgen Sie Ihrem ersten unterbewussten Impuls und probieren Sie einen neuen Weg aus.

Ganz unter uns: Das Risiko in Sachen Kaffee ist ziemlich gering, denn wir kennen niemanden, der lieber schlechten als guten Kaffee trinkt. Wir kennen aber viele, die für guten Kaffee fast meilenweit laufen bzw. fahren.

Tipp: Leichtes Gepäck auf der Reise zu neuen Ufern
Auf dem Weg zu neuen Ufern brauchen Sie nicht viel. Nehmen Sie nur leichtes Marschgepäck mit. Was Sie zu Hause lassen können, sind jahrelanges Know-how, Kompetenz, wohlüberlegte Argumentationsketten, Bedenken, Ja-aber-Einwände, schnelle Kritik oder Expertenwissen.

Kreative Freiräume schaffen

Die besten Ideen hat man oft gar nicht im Büro vor dem Computer oder während der Frühschicht am Band. Die meisten Ideen entstehen statistisch belegt in der freien Natur, beim Spazierengehen, beim Ausflug am Wochenende in die Berge. Manche von uns laufen zu kreativer Hochform auf, wenn Sie auf dem stillen Örtchen sitzen, im Auto, im Bus, in der Badewanne oder bei einem langweiligen Vortrag. Viele Ideen entstehen in jedem Fall außerhalb der regulären Arbeitszeit.

Diese Beobachtungen haben sich einige Unternehmen bereits zunutze gemacht und fördern die außerbetrieblichen kreativen Potenziale ihrer Mitarbeiter. Manche überlassen eine gewisse Arbeitszeit, zum Beispiel vier Stunden am Freitagnachmittag, zur freien Nutzung, um in dieser Zeit an Ideen herumzubasteln oder wildes Zeug zu denken, das mit der eigentlichen Aufgabenstellung im normalen Geschäftsalltag nichts zu tun hat. Dann werkeln zum Beispiel der Marketingleiter und der Fahrer an einer verbesserten Luftzirkulation in der Produktionshalle oder eine Lagerarbeiterin erfindet ein neues, bahnbrechendes Produkt für den amerikanischen Markt.

Ein solcher Freiraum des ungebundenen Experimentierens fordert vom Unternehmen das Zeitinvestment, Vertrauen in die eigenen Leute und eine gewisse Misserfolgstoleranz; das heißt, wenn nichts dabei herauskommt, ist es auch in Ordnung. „Nichts“ kommt allerdings nie dabei heraus, außer man definiert den Output rein rational-logisch über zählbare Erfolge wie „zwei marktfähige Ideen“, „100 Millionen Euro Einsparungen“, „fünf optimierte Produkte“. Da würde die linke Gehirnhälfte zu kurz rechnen und die Kriterien der rechten Hemisphäre nicht einbeziehen. Wurde bei der Berechnung des „Nichts“ auch der Effekt der abteilungsübergreifenden Teamarbeit berücksichtigt oder das Kennenlernen außerhalb starrer Strukturen, das Bilden heterogener Teams, die Motivation und Wertschätzung, die den Mitarbeitern durch diese Art der Freiheit und des Vertrauens entgegengebracht wird? Oder die stärkere emotionale Bindung an das Unternehmen, die so entstehen kann? Nach unserer Erfahrung lohnt es sich immer, einen solchen Freiraum für Ideen und Kreativität zu schaffen.

Übung 6: Kreative Freiräume finden

Haben Sie solche kreativen Freiräume in Ihrem Unternehmen? Wenn ja, Gratulation. Wenn nein, suchen Sie im ersten Schritt nach „positiven Abweichlern", die möglicherweise bereits solche Freiräume nutzen, ohne dass Sie es wissen. Tauschen Sie sich aus und nutzen Sie Ihrerseits deren Erfahrungen und Vorgehensweisen. Wenn es definitiv keinen freien Raum für kreative Ideen in Ihrem beruflichen Umfeld geben sollte, überlegen Sie, wo und wie Sie einen schaffen könnten. Sprechen Sie doch mit Ihrem Chef und machen Sie ihm folgenden Vorschlag: Sie bearbeiten diese Aufgabenstellung in einem kleinen Team interessierter Mitstreiter unter Zuhilfenahme der Kreativitätstechniken am Ende von Schritt 1.

Mitarbeiterideen nutzen

Ideen sind wertvoll. Sie sind ein wichtiges Gut, um sich Vorteile im Wettbewerbsumfeld zu verschaffen. Ideen sind notwendig, wenn das, was bisher immer so gut funktioniert hat, plötzlich nicht mehr geht, wenn Sie umdenken und neue Wege gehen müssen. Jede Firma verfügt über einen enormen Vorrat an Ideen, über einen Schatz, der im Verborgenen schlummert und auf seine Entdeckung wartet. Und diese Schatzkiste sind Sie. Jeder einzelne Mitarbeiter eines Unternehmens. Egal, ob Praktikant, Chef, Vorstand, Bandarbeiter, Buchhalter, Grafiker, Entwickler, Mechaniker. In jedem von uns stecken Ideen. Manche tragen sie weiter oben auf der Zunge und spucken sie schnell aus. Bei anderen sind die kreativen Gedanken weiter unten eingelagert, im Unterbewusstsein. Wir wissen alle mehr, als wir denken. Das ist für Sie eindeutig bewiesen, wenn Sie das Buch schon bis hierhin gelesen haben. Auch Unternehmen wissen mehr, als sie denken. Nutzen kann man das Ganze aber nur, wenn man auf Schatzsuche geht und die Preziosen an die Oberfläche holt, damit alle sie sehen können.

Einige Unternehmen haben die Kraft und den Wert der Ideen ihrer Mitarbeiter erkannt und nutzen sie gewinnbringend. Im Rahmen des betrieblichen Vorschlagswesens oder, in der moderneren Terminologie, des Ideenmanagements haben Mitarbeiter die Möglichkeit, zu den unterschiedlichsten Themen Vorschläge einzubringen, die geprüft und nach ihren Umsetzungspotenzialen bewertet werden. Dafür gibt es Geldprämien, bessere Arbeitsbedingungen, optimierte Abläufe, neue Geschäftsfelder und das gute Gefühl, das eigene Unternehmen aktiv mitzugestalten. Der Erfolg der Mitarbeiterbeteiligung ist in Zahlen messbar, bringt erstaunliche Erfolge für das Unternehmen und einen kleinen „legalen" Nebenverdienst für engagierte und findige Mitarbeiter.

Tipp: Führen Sie ein Ideenbuch

Schreiben Sie alles, was Ihnen einfällt, in ein Ideenbuch. Wählen Sie es in Größe und Umfang so, dass Sie es gut mit sich nehmen können. Bei Männern ist dies meist klein für die Jackentasche. Es kann auch gern ein Mini-Spiralblock sein. Frauen bevorzugen größere Formate, da sie in der Regel über geräumige Handtaschen verfügen, für die auch ein Buch in DIN-A4-Größe keinerlei Problem darstellt. Notieren Sie jeden Ideenblitz, jeden guten Tipp, Dinge, die Ihnen gefallen und die Sie sich merken möchten. Kleben Sie Bilder hinein, zeichnen Sie Skizzen, wenn Sie können, oder bearbeiten Sie Aufgaben mithilfe von Mindmaps, die Sie laufend ergänzen.

Ziel des Ideenbuchs ist,

- dass Ihnen keine gute Idee mehr verlorengeht und alles an einer zentralen Stelle gesammelt wird,
- dass Sie Ideen, die gut sind, aber jetzt nicht gebraucht werden, später wieder hervorholen können, wenn der richtige Moment zum Einsatz der Idee gekommen ist,
- dass Sie Ihre persönlichen Entwicklungen nachvollziehen können (wenn Sie nach einiger Zeit Ihre Ideenbücher durchblättern und feststellen: „Oh, diese Idee hatte ich schon vor zwei Jahren! Was hat mich gehindert, sie umzusetzen?", „Ah, wie interessant, diese kleine Notiz war also der Ausgangspunkt für die enorme Veränderung, die ich das letzte halbe Jahr durchlebt habe" und so weiter, ist das ein gutes Regulativ und zudem eine schöne Visualisierung Ihrer persönlichen Entwicklung),
- die Wahrnehmung im Alltag zu fördern,
- die rechte Gehirnhälfte zu trainieren und sie über Bilder und haptische Reize zu aktivieren.

Tipp: Ideenmanagement selbst machen

Wenn Sie bisher kein professionelles und institutionalisiertes Ideenmanagement haben, dann initiieren *Sie* doch eines. Fangen Sie klein an, starten Sie zum Beispiel mit Ihrer Abteilung oder mit der Gruppe, die für ein bestimmtes Produkt bzw. eine bestimmte Kundengruppe zuständig ist.

Auch hier können Sie ein Ideenbuch nutzen, in dem Fall eines, das allen zugänglich ist, vielleicht in der Kaffeeküche oder am Kopierer liegt. Darin notiert jeder, der eine Idee hat, seinen Vorschlag oder klebt inspirierende Bilder oder gute Ideen anderer, zum Beispiel der Konkurrenz, ein. Sie sollten sich dann in regelmäßigen Abständen, etwa einmal im Monat, zusammensetzen, das Buch durchblättern, über die Einträge sprechen und die Potenziale herausziehen, die dann konkret weiterbearbeitet werden können.
Das Ideen„buch" darf auch ein Kasten sein, in dem man Zettel, Zeitungsausschnitte oder sonstige Vorschläge und Inspirationen sammeln kann. Oder ein Brett an der Wand zum (S)pinnen oder – lassen Sie sich doch einfach etwas einfallen ...

Innovationsprozesse unterstützen

Angenommen, Sie haben es geschafft Freiräume für Ideen einzurichten, sich selbst und Ihr Team zu mehr Kreativität zu ermutigen und durch Ihr selbstgebasteltes Ideenmanagement bereits im Kleinen große Ideen hervorzubringen. Gratulation! Unsere Hochachtung! Die Intuition hat Einzug in Ihren beruflichen Alltag gehalten und sitzt bei Ihren Aktivitäten und Entscheidungen mit am Tisch. Der Anfang ist gemacht, denn die Idee ist der Startpunkt des eigentlichen Innovationsprozesses. Eine Innovation ist eine real gewordene, umgesetzte Idee in marktfähige Produkte und Leistungen.
In unseren Innovationsworkshops haben wir den Prozess in drei aufeinander aufbauende Stufen eingeteilt, was vereinfacht so aussieht:

- Schritt 1: Sammeln
- Schritt 2: Verdichten
- Schritt 3: Präsentieren

Klingt banal, ist es auch. Aber wie bei vielen simplen Angelegenheiten liegt der Erfolg immer darin, dass man es einfach auch so macht. Für die Umsetzung heißt das Folgendes.

SCHRITT 1: SAMMELN:
Das Ziel sind viele, viele, viele, gern 1.000 und mehr unterschiedliche „Rohideen". Die werden mithilfe verschiedener kreativer Instrumente und Techniken gemeinsam erzeugt.
Wichtigstes Werkzeug: Ihre Intuition.

SCHRITT 2: VERDICHTEN
Die Rohideen laufen durch eine Art Filterprozess, der aus der Masse schrittweise Klasse macht. Im zweiten Schritt wird bewertet, sortiert, strukturiert und kombiniert bis zur Auswahl einer Ideen-Top-Liste. Diese ausgewählten Ideen werden weiter verfeinert und so konkretisiert, dass eine grobe Projektplanung mit Timing und Zuständigkeiten möglich ist.
Wichtigstes Werkzeug: Ihre Intuition und Ihr Sachverstand.

SCHRITT 3: PRÄSENTIEREN
Warum dieser dritte Schritt so wichtig ist, erfahren Sie detailliert noch im Abschnitt „Intuition richtig kommunizieren" (siehe Siebter Schritt). Ziel beim Präsentieren ist es, die bis zu drei finalen Topideen kommunikativ so aufzubereiten, dass sie dem Entscheidergremium vorgelegt werden können und idealerweise so viel Begeisterung auslösen, dass das „Go!" zur Umsetzung gegeben wird – inklusive Finanzierung und der Bereitstellung aller anderen notwendigen Ressourcen. Wichtigstes Werkzeug: Ihre Intuition und Ihr Sachverstand.

Sie sehen, dass keiner der drei Prozessschritte ohne den Einsatz von Intuition auskommt. Intuition ist also nicht nur notwendig, wenn es um klassische kreative Prozesse geht, sondern genauso, wenn nicht noch mehr, bei der eigentlichen Umsetzung. Die Ideenentwicklung ist relativ einfach. Man muss nur wissen, welche Werkzeuge man hier anwendet.

Das Feintuning der Ideen stellt bereits wesentlich höhere Anforderungen, weil Sachverstand und Intuition in Einklang gebracht werden müssen, erste Zielkonflikte auftauchen und unterschiedliche Interessen aufeinanderprallen. In diesem Schritt arbeiten alle beteiligten Personen, Abteilungen und Zuständigen bereits Hand in Hand. Der von

seiner Idee begeisterte Entwickler mit dem kritischen Controller, die noch nicht überzeugte Marketingfrau und der Vertriebsmann, der sich auf einen neuen Produktknaller freut.
Fazit: ohne Intuition keine Innovation.

Die richtige Entscheidung

Wenn wir das bisher Gehörte noch einmal Revue passieren lassen und uns die wissenschaftlichen Ergebnisse anschauen, können wir im Prinzip gar keine richtigen Entscheidungen treffen. Denn mit zunehmender Komplexität der Fragestellung nimmt die Möglichkeit ab, dass die Entscheidung richtig im Sinne von exakt, korrekt und „nur die!“ ist.

Das Ergebnis wird maximal das beste sein, das wir in dem betreffenden Augenblick mit dem momentanen Wissen in der aktuellen Situation unter den herrschenden Bedingungen erzielen konnten. In Kombination mit dem Erfahrungswissen, das unserem Unterbewusstsein aufgrund unserer individuellen Erfahrungen jetzt und heute zur Verfügung steht. Es könnte also die „jetzt richtige“ Entscheidung sein, die sich morgen bereits als suboptimal herausstellt.

Keine erbauliche Erkenntnis für uns alle, ganz gleich ob Manager, Politiker oder Angestellter bzw. Kleinunternehmer. Im Umkehrschluss soll das aber kein Aufruf sein, sich fatalistisch dem Schicksal zu ergeben, da man es ja ohnehin „nicht richtig“ machen könne, den Entscheidungsschritt auf die leichte Schulter zu nehmen und anschließend jede Verantwortung auf die Umstände zu schieben. Keineswegs.
Wer eine Entscheidung zu treffen hat, muss diesen Job bestmöglich erledigen, mit vollem Einsatz von Verstand und Intuition, von Logik, Gefühl und Erfahrungswissen. Und genau auf diese Kombination im richtigen Verhältnis kommt es an. Wie bei einer Rezeptur benötigt die eine Entscheidung manchmal mehr Kopf, manchmal eher eine zusätzliche Prise Intuition oder „drei Gramm“ mehr Erfahrung als die andere. Das ist die Herausforderung, der sich die Entscheider in Unternehmen und Gesellschaft stellen müssen.

Die vier Entscheidertypen

Maja Storch, Psychologin, Psychoanalytikerin und Dozentin an der Universität Zürich, hat sich intensiv mit dieser Thematik beschäftigt und aus der Erfahrung zahlreicher Trainings mit Entscheidern eine

Typologie entwickelt, die Managern helfen soll, ihre eigenen Defizite zu erkennen und entsprechend bewusst gegenzusteuern. Maja Storch unterscheidet folgende vier Entscheidertypen:

- der Ausgeglichene
- der Selbstausbeuter
- der Schnellentscheider
- der Zerrissene.

DER AUSGEGLICHENE

Dieser Typ repräsentiert den „Normalzustand" und dient „als Anschauungsobjekt, wie das System funktioniert". Der Ausgeglichene arbeitet sowohl mit seinem Verstand wie auch mit seiner Intuition. Er weiß, dass beide Bereiche optimal kombiniert werden müssen, um zu einer guten Lösung zu kommen. Er kann Kopf und Bauch gut austarieren und koordinieren. Wie sieht diese Koordination in der Praxis aus?

- **Fall a:** Wenn unsere Intuition und unser Verstand zum selben Ergebnis bei der Beurteilung einer Frage oder eines Problems kommen, dann herrscht große Freude in Form von psychischem Wohlbefinden. Eine optimale Ausgangsbasis also für eine Entscheidung. Demnach würden Sie der geplanten Kooperation gern zustimmen, die Fakten sind nachvollziehbar, die Vorteile für beide Seiten erkennbar, die Vertragspartner vertrauenswürdig und sympathisch. Am Ende der Verhandlungen würden Sie den Vertrag mit dem neuen Kooperationspartner mit einem guten Gefühl unterschreiben.
- **Fall b:** Wenn Kopf und Bauch unterschiedlicher Meinung sind, führt das zu einem gewissen Unwohlsein. Wem soll man zuhören, wessen Rat folgen? Stellen Sie sich vor, Ihr Chef bittet Sie, wenn Sie gerade zu später Stunde endlich das Büro verlassen wollen, um Hilfe. Er braucht jemanden, der seine neue PowerPoint-Präsentation kritisch unter die Lupe nimmt und ihm zu einigen Punkten Feedback gibt. Sie sind aber bereits seit einer halben Stunde verabredet, schon zu spät dran und wissen, dass jemand allein an einem Zweiertisch in einem Restaurant auf Kohlen sitzt und auf Sie wartet. Ihr Verstand sagt: „Dein Chef braucht deine Hilfe, jetzt kannst du zeigen, was du kannst, und hast zudem etwas gut." Ihr Bauch sagt:

„Was habe ich damit zu tun, wenn der das nicht hinkriegt? Ich muss hier raus, sonst verscherze ich mir eine Freundschaft." Was jetzt passiert, erklärt Maja Storch mit „einer Serie von Feedbackschleifen", um Ratio und Intuition aufeinander abzustimmen. Sie analysieren zunächst die intuitive Angst, eine Freundschaft aufs Spiel zu setzen. Die Person, die auf Sie wartet, hatten Sie schon einmal versetzt, was danach viel Fingerspitzengefühl erforderte, um wieder eine gute emotionale Basis herzustellen. Den Bogen wollen Sie nicht überspannen. Die Verspätung ist schon schlimm genug. Das sagt der Bauch. Andererseits, meldet sich der Verstand, müssten gute Freunde auch verstehen, dass man in seinem Beruf eine gewisse Verantwortung trägt und Chancen, die sich einem bieten, nutzen muss. Die Feedbackschleifen könnte man sich vielleicht als eine Art Rangeln verstellen, der eine zieht hier, der andere dort, man schubst sich gegenseitig ein bisschen hin und her und ringt um die gemeinsame Lösung.

Wenn Ihnen die Verabredung so wertvoll ist, könnten Sie vielleicht mit Ihrem Chef ein verträglicheres Timing vereinbaren, zum Beispiel anbieten, dass Sie die Präsentation zum Durchlesen mit nach Hause nehmen, sich das Ganze sofort morgen als Erstes vornehmen und bis 10.00 Uhr Feedback geben. Das Ergebnis könnte natürlich in anderen Feedbackschleifen auch anders ausfallen. In jedem Fall ist es ein Hin und Her und läuft nicht ohne Störungen ab. Das zeigt Maja Storch anhand der folgenden Typen.

DER SELBSTAUSBEUTER

Unter diesem Typ finden sich vor allem „Manager aus der Nachkriegsgeneration, die ihr ganzes Leben streng dem Leistungsprinzip untergeordnet haben". Zur anderen Gruppe der Selbstausbeuter gehören in zunehmendem Maß auch „Karrierefrauen um die dreißig, die sich und ihrer Umwelt etwas beweisen wollen". Dieser Typ des Selbstausbeuters ist „leistungsorientiert, erfolgreich und loyal seinem Arbeitgeber gegenüber. Und er arbeitet bis zur Erschöpfung und delegiert ungern".

Dieser Entscheidungstyp empfindet Druck und Stress eher als animierend und als Ansporn. Einen irgendwie gelagerten Ausgleich zum Job braucht er nicht. Entscheidungen werden meist mit dem Verstand getroffen, ein Zugang zur Intuition ist nicht vorhanden, weil der Selbstausbeuter sein Unterbewusstsein nicht wahrnimmt bzw. emotionale Einflüsse unterdrückt. Er hat keine Verbindung zu seinem emotionalen Erfahrungswissen. Das hat zur Folge, dass er nicht zwischen fremden und eigenen, persönlichen Zielen unterscheiden kann. Er denkt, dass das, was die Firma oder sein Chef bzw. die anderen Selbstausbeuter in seinem Umfeld tun und benötigen, auch das ist, was für ihn persönlich wichtig ist und ihm selbst ebenfalls gut tut.

Aus Ihrer Praxis weiß Maja Storch, dass es nicht einfach ist, den Typ der Selbstausbeuter zu therapieren, da sie in ihren eigenen Augen gar kein Problem haben. Außer ihr Verhalten zeigt irgendwann Auswirkungen wie Krankheiten, zum Beispiel Depressionen, Magersucht oder ein Burn-out-Syndrom. Ein Weg zu helfen ist, die Wahrnehmung und das Funktionieren der unterbewussten und intuitiven Vorgänge zu schulen und klarzumachen sowie die Unterscheidung zwischen eigenen und fremden Zielen zu erreichen.

Übung 7: Die Vorgänge im Körper beachten

Für Selbstausbeuter empfiehlt sich folgende Übung, sofern sie willens sind, Rat anzunehmen und es auszuprobieren: „Versuchen Sie, Ihre Aufmerksamkeit auf die Vorgänge in Ihrem Körper zu richten, sobald Sie das nächste Mal die Liste mit den neu eingegangenen E-Mails betrachten. Wenn Sie Ihre Eigenwahrnehmung ein klein wenig trainiert haben, werden Sie bemerken, dass jede Mail-Adresse von einem blitzartigen Gefühl kommentiert wird, das als Emotion (Freude, Überraschung, Ärger, Angst), als Körpersignal (Kloß im Hals, Wärmegefühl im Bauch, Spannung im Nacken, Leichtigkeit in der Brust) oder als Mischung aus beidem wahrgenommen werden kann."

DER SCHNELLENTSCHEIDER

Schnellentscheider sind vielfach junge Manager, die erst neu in eine höhere Position aufgestiegen sind und sich dieser Situation noch nicht ganz gewachsen fühlen. Sie entscheiden in vielen Fällen so schnell, weil sie zum einen noch unsicher sind, aufgrund Ihrer mangelnden Erfahrung gar nicht wissen, welche Fakten sie zur Entscheidungsfindung heranziehen müssen, und zudem gegenüber Dritten ihre Macherqualitäten beweisen wollen.

Die andere Gruppe der Schnellentscheider ist dagegen sehr berufserfahren, Menschen mit einem guten Zugang zu Ihrem Unterbewusstsein, Bauchtypen, die sich aufgrund der Erfahrung auf Ihre Intuition verlassen. Sie sagen rasch und überzeugt Ja oder Nein, wenn es um neue Ideen geht, und setzen Projekte schnell auf die Schiene. „Grundsätzlich ist Entscheidungsfreude eine Kompetenz von guten Führungspersönlicheiten“, sagt Maja Storch.

Schnellentscheider sind impulsiv und instinktgeleitet, manchmal zu temperamentvoll und ungeduldig. Ihnen fehlt die Ruhe, eine Entscheidung mit Bedacht anzugehen. Sie lassen sich leicht begeistern, landen aber auch infolge ihrer Schnelligkeit öfter Flops.

Dieser Typus sollte weiterhin auf die eigene Intuition vertrauen, aber den Einfluss des Verstandes verstärken und „üben, Entscheidungen in Ruhe zu durchdenken – auch wenn es schwer fällt“.

Übung 8: Der Ideenkorb

Als Übung wird der „Ideenkorb" empfohlen: Bevor der Schnellentscheider wieder zackig Ja oder Nein rufe, sollte er Lösungsideen von Kollegen und aus seinem Umfeld sammeln und diese nach einigen Tagen bewerten. Das bringe Ruhe ins Spiel und Argumente, auf die dieser Speedy Gonzales wohl von allein nicht gekommen wäre!

DER ZERRISSENE

Dieser Typ macht sich selbst das Leben schwer, denn er entscheidet wie der Selbstausbeuter hauptsächlich aufgrund rationaler Argumente. Im Gegensatz dazu nimmt der Zerrissene seine Intuition jedoch wahr. Er vertraut aber seinem Bauch nicht, er kann nicht akzeptieren, dass das Gefühl dem Verstand überlegen sein könnte, und unterdrückt es. Das trifft oft zu auf Menschen im Personalbereich oder im Marketingcontrolling. Dass man sich in diesem Dilemma nicht besonders wohl fühlen kann, liegt auf der Hand – ständig im Spagat zwischen Intuition und Verstand.

Ein befragte Personalmanager bringt dies gut zum Ausdruck: „Ich hatte von Anfang an das Gefühl, dass dieser Meyerdinck nicht zu uns passt, sein Auftreten war so arrogant. Aber er hatte so exzellenten Zeugnisse, beste Referenzen und beherrschte vier Sprachen fließend. Seine Unterlagen waren bei Weitem die besten, da habe ich ihn eingestellt. Hätte ich nur auf mein Bauchgefühl gehört! Er ist inzwischen mit dem ganzen Team verkracht.“

Der Zerrissene hat einen Vorteil: Er kennt sein Dilemma und weiß, dass er handeln muss, um nicht unglücklich zu werden oder auf eine größere Krise zuzusteuern. Er muss lernen, Kopf und Bauch zusammenzubringen und für sich zu akzeptieren, dass die Intuition dem verstandesorientierten Entscheiden gleichwertig ist.

Besser falsch als gar nicht

Entscheidungen sind da, um sie zu treffen, egal, wie schwer der Weg dorthin ist. Wir alle wissen, dass unnötiges Zögern und das Verschleppen einer Entscheidung das Problem nicht löst, sondern in vielen Fällen verschlimmert. Die Zeit drängt immer mehr, der Druck nimmt zu, die Entscheidungsoptionen werden zunehmend weniger.

Achtung: Die Entscheidung, keine Entscheidung zu treffen

Wenn Sie keine Entscheidung treffen, was ja an sich auch eine Entscheidung ist, verhindern Sie Ihr eigenes Erfolgserlebnis. Sie verbauen sich die Chance, zu erleben, wie Sie selbst in der Lage sind, komplexe Probleme zu bewältigen. Und Sie riskieren, dass die Entscheidung von außen getroffen wird, dass Ihnen jemand das Ganze abnimmt und Ihnen nur noch übrigbleibt, sich in Ihr Schicksal zu fügen und mit den Konsequenzen klarzukommen. Also lieber eine falsche Entscheidung als gar keine.

Tipp: Fitnesstraining für Ihre Intuition

Machen Sie es beim Intuitionstraining wie beim Fitnesstraining für Ihren Körper: langsam beginnen und dann kontinuierlich steigern. Starten Sie mit kleinen Trainingseinheiten und leichten Übungen zum Aufwärmen. Trainieren Sie nicht gleich für den Marathon.

Für das Training Ihrer Intuition heißt das: Starten Sie mit einfachen Entscheidungen, bei denen Sie keine allzu großen Konsequenzen befürchten müssen. Üben Sie mutig, Ihrem Bauch zu vertrauen. Wagen Sie sich dann nach und nach an komplexere Aufgabenstellungen. So stärken Sie schrittweise Ihr Selbstvertrauen und sammeln den Mut, auch größere Entscheidungen intuitiv zu treffen.

Was tun bei Fehlentscheidungen?

Fehler sind nicht nur menschlich, sondern in manchen Situationen auch notwendig, um weiterzukommen. Ob intuitive Entscheidungen generell fehleranfälliger sind als rational getroffene, ist nicht wissenschaftlich verifiziert. Belegt ist nur, dass Entscheidungen bei vollem verstandesmäßigem Bewusstsein – unter Einbeziehung aller relevanten Forschungsergebnisse, Befragungen und Sachinformationen nach reiflicher Überlegung, Chancen- und Risikobetrachtung und wirtschaftlichen Berechnungen – trotzdem vollkommen in die Hose gehen können.

Auch wenn einem Marktforschungspapier zufolge bewiesen ist, dass der Markt reif sei für das digitale Buch oder das Bildtelefon, heißt das noch lange nicht, dass sich Käufer für das Produkt finden werden. Firmen ziehen sich von Standorten zurück, nehmen Produkte aus dem Markt, lösen große Kooperationen auf, die sich als falsch herausstellen, obwohl oder vielleicht gerade weil ein Rudel von Experten mit seinem mannigfachen Wissen diese Entscheidungen ganz rational vorbereitet hatte. Das heißt: Rein statistisch werden nicht mehr Fehlentscheidungen aufgrund intuitiver oder rationaler Methoden getroffen.

Cornelia Betsch, Psychologin und Entscheidungsforscherin an der Universität Heidelberg, fand heraus, dass intuitive Persönlichkeiten mit ihrem Entschluss zufriedener sind, wenn sie auch intuitiv entscheiden durften. Erwies sich die Entscheidung als falsch, hatten sie trotzdem ein angenehmeres Gefühl als nach einer falschen Entscheidung, die sie aufgrund rationaler Argumente getroffen hatten.

Übung 9: Wie reagieren Sie bei Fehlentscheidungen?
Im Einzelfall könnte eine weitreichende Entscheidung, die Sie aufgrund Ihrer intuitiven Einschätzung getroffen haben, sich als Fehlentscheidung herausstellen. – Was sollen Sie machen, wenn Sie intuitiv falsch lagen?

- **Geben Sie Ihren Fehler zu.** Wenn Sie in einem Unternehmen arbeiten, das Fehler zulässt und darin eine Chance sieht, dann ist dieser erste Schritt für Sie zwar schmerzhaft, aber keine Katastrophe.
  Ist die Fehlertoleranz in Ihrem Unternehmen aber so gut wie nicht vorhanden, dann wird dieser erste Schritt der schwerste und ent-

scheidende sein. Er könnte für Sie weitreichende Folgen haben, negative wie positive.

Es ist betriebswirtschaftlich betrachtet oftmals mehr als unsinnig, bei Fehlern in einem Unternehmen sofort die Köpfe rollen zu lassen. Das macht den Fehler nicht rückgängig und zum anderen werden die Verursacher, wenn sie von ihrem Posten entfernt werden, gleichzeitig auch vor den Konsequenzen ihres Handelns verschont. Damit wird ihnen die Chance, zu korrigieren, was sie begonnen haben, ebenso verwehrt wie die Möglichkeit, aus ihrem Fehler zu lernen und eine Lösung dafür zu suchen. Stattdessen setzt das Unternehmen mit einem Schlag eine Menge Know-how vor die Tür, das für die nächsten Schritte zur Kurskorrektur nützlich sein könnte. Sinnvoller wäre es, Person und Tat zu trennen, nicht die Person beim Schopf zu packen, sondern den Fehler.

Nichtsdestotrotz und auch auf die Gefahr hin, dass Sie als Fehlerverursacher richtig Ärger bekommen, gilt auch in solch einem Unternehmen der Rat: In den meisten Fällen sollten Sie Ihre Fehler zugeben. Ausreden sind meist nur dazu da, um sich darin zu verstricken, jeder vertuschte Patzer kommt irgendwann ans Licht. Zudem gelingt es nur den ganz Hartgesottenen, mit nicht eingestandenen Fehlern und dem Lügengeflecht darum herum entspannt zu leben. Sie haben rein statistisch gesehen immer eine Chance 50 zu 50: Je nach Größenordnung Ihres Fehlers (und je nach der Fehlerhäufigkeit) werden Sie im schlimmsten Fall gefeuert oder Sie profitieren davon, Ihren Fehler eingestanden zu haben, und kommen durch diese Situation persönlich und fachlich einen enormen Schritt nach vorn.

- **Analysieren Sie die Auswirkungen des Fehlers nach kurz- und langfristigen Folgen** – auf Sachebene und gemeinsam mit den anderen Zuständigen und Betroffenen.
- **Treffen Sie, wo es möglich ist, Sofortmaßnahmen,** um Schäden möglichst gering zu halten.
- **Erarbeiten Sie im Team neue Lösungsansätze.** Vielleicht haben Sie sogar Glück im Unglück und der Fehler bringt Aspekte des Themas zum Vorschein, die vor der Entscheidung noch nicht sichtbar waren, und hilft Ihnen in der zweiten Runde sogar zu einer durchdachteren Version.

- **Lernen Sie aus der Situation.** Analysieren Sie nach der Bewältigung des Problems alles noch einmal in Ruhe. Reflektieren Sie Ihr Tun, das Teamverhalten, die Reaktion der Vorgesetzten, Ihre emotionale Lage, die Konsequenzen und so weiter. Was würden Sie beim nächsten Mal anders machen, was vielleicht genau gleich? Und warum? Wen würden Sie beim nächsten Mal in die Entscheidungsfindung mit einbeziehen? Mit wem würden Sie sich vorher abstimmen? Welche Informationen haben gefehlt? Lernen Sie aus dem Fehler und gehen Sie gestärkt aus der Situation hervor.

Tipp: Werden Sie aus Ihren Fehlern klug
Sehen Sie generell jeden Fehler als Chance zur Verbesserung und nicht als Niederlage. Trennen Sie den persönlichen Aspekt vom eigentlichen Thema. Profitieren Sie von Ihren Fehlern, indem Sie dazulernen, neue Lösungswege erkennen, neue Gesichtspunkte berücksichtigen, Methoden der Krisenbewältigung üben und, nicht zu vergessen, Ihre Kollegen und Vorgesetzten aus einer vielleicht neuen Perspektive kennenlernen.

Der Umgang mit Fehlern ist eine Frage der Kultur

Ob Fehler zur Kategorie Chancen gerechnet werden oder direkt zur unehrenhaften Entlassung oder „lebenslangen Ächtung“ führen, hängt in erster Linie von der Fehlerkultur in Ihrem Unternehmen ab. In manchen Branchen können Fehler tödlich sein, zum Beispiel in der Medizin, in anderen Bereichen werden sie dagegen gefördert. So schreiben Unternehmen bereits Fehler-Awards aus, mit denen Sie Fehltritte honorieren, um Ihre Mitarbeiter dazu zu ermutigen, neue Wege zu gehen, etwas auszuprobieren, mutiger zu werden, zum Beispiel wenn neue Ideen und innovative Produkte gesucht werden.

Sofern Sie als Chef oder Führungsperson für sich Fehlertoleranz einfordern, dann müssen Sie dasselbe auch Ihren Mitarbeitern zugestehen. Seien Sie ein Vorbild: Indem Sie aktiv mit Fehlern umgehen, sie direkt kommunizieren und die Sach- und Personenebene trennen, werden Sie auch Ihre Mitarbeiter leichter dazu ermutigen können, sich auf ihren Bauch zu verlassen und Intuition als zulässige Entscheidungshilfe zu akzeptieren.

Sechster Schritt: Kreative Potenziale wecken

Bei der Lektüre der vorangegangenen Kapitel haben Sie eine Menge darüber erfahren, wie Sie Ihre Intuition erfolgreich in Ihrem Alltag einsetzen können. Lassen Sie uns zusammen nun einen mutigen Schritt tun und schauen, wie es um Ihre Genialität bestellt ist.

Lernen von den Genies – Geistesblitze für jeden

In diesem Kapitel geht es um geniale Köpfe. Um Menschen, die sich mit Ideen und Innovationen auskennen und sich mit ihren bahnbrechenden Erfindungen in der Geschichte einen Namen gemacht haben, und natürlich auch um Ihren eigenen Namen.
Sie haben schon richtig gelesen: Auch in Ihnen steckt ein Genie. Zwar können wir Ihnen keine Garantie dafür geben, dass Sie eines schönen Dezembertages in Stockholm den Nobelpreis in Empfang nehmen dürfen, aber die eine oder andere inspirierte und intuitive Problemlösung im Alltag oder im Berufsleben wird Ihnen sicher gelingen bzw. schon längst gelungen sein. Wie wir wissen, reicht es nicht aus, darauf zu warten, dass wir von der Muse geküsst werden. Den Erfindungen kluger Köpfe ging langjährige Forschungsarbeit voraus. Doch zur endgültigen Lösung fehlte oft noch etwas – oder wie Einstein es formulierte: „Das eigentlich Wertvolle ist die Intuition."

Von Thomas Alva Edison stammt das berühmte Zitat „Genie ist zu ein Prozent Inspiration und zu 99 Prozent Transpiration". Und dieses eine Prozent ist genau das, was uns interessiert. Ohne dieses wäre ein Genie wohl kein Genie, sondern nur ein Arbeitstier. Es sind uns keine wissenschaftlichen Studien bekannt, die sich damit auseinandersetzten, ob die von Edison genannte prozentuale Verteilung tatsächlich allgemein verbindlich ist. Viel wichtiger ist jedoch: Es ist die Kombination aus harter Arbeit (Transpiration) und Inspiration (dessen, was uns scheinbar zufällig zufliegt), die zum Erfolg führt – ob es nun eineinhalb oder 26 Prozent Inspiration sind, die den genialen Funken überspringen lassen.

Egal, wie die Prozente verteilt sind, Edison sollte wissen, wie der Cocktail für geniale Ideen gemixt wird. Seinen Biografen zufolge machte er über 2.000 Erfindungen und meldete knapp 1.100 davon zum Patent an. Oftmals entwickelte er Ideen anderer Wissenschaftler und Erfinder weiter und erlangte dadurch Ruhm und Ehre. So ist die Glühlampe an sich keine Erfindung von Edison, wie oft geglaubt wird. Er optimierte lediglich die bestehende Glühlampe hinsichtlich Praktikabilität, Lichtausbeute und Haltbarkeit, erhielt hierfür das Basispatent in den USA und brachte so vielerorts Licht ins Dunkel.

Tipp: Ohne Fleiß keinen Preis, aber ...!
Finden Sie einen gesunden Rhythmus zwischen Anstrengung und Erholung, denn oftmals präsentiert sich des Rätsels Lösung in der Erholungsphase.

Beispiel: Die Angst vor Schlangen oder des Rätsels Lösung?

Ein gern zitiertes Beispiel für die Intuition großer Wissenschaftler ist die Entdeckung der molekularen Struktur von Benzol durch den berühmten Chemiker Friedrich August Kekulé. Kekulé hatte sich schon lange mit der Fragestellung der Benzolstruktur auseinandergesetzt, war aber zu keinem Ergebnis gekommen.
Wie er 1865 schlussendlich zu der Lösung kam, berichtete er 25 Jahre später auf einer ihm zu Ehren gehaltenen Feier der Deutschen Chemischen Gesellschaft im Berliner Rathaus.

Eines Nachts, so Kekulé, sei er in seinem Sessel vor dem prasselnden Kaminfeuer in seinem Arbeitszimmer eingenickt. In einem Traum sah er Wasserstoff- und Kohlenstoffatome vor seinen Augen tanzen. Eine Schlange erschien und biss sich in den Schwanz, wodurch sie einen Ring bildete. Daraufhin ordneten sich auch die Atome zu einer Ringstruktur.
Kekulé sah in diesem Traum des Rätsels Lösung – nämlich dass das Molekül des Benzols aus einem Ring von sechs Kohlenstoffatomen besteht. Diese Erkenntnis war entscheidend für die Entwicklung der organischen Chemie und verhalf ganzen Industriezweigen, zum Beispiel den Farbstoffherstellern, zu einem wahren Boom. Noch heute ist das Institut für Organische Chemie der Universität Bonn nach Kekulé benannt.

Zum einen stützte Kekulé die Aussage des knapp 20 Jahre jüngeren Edison, dass es die Mischung aus Transpiration und Inspiration ist, die eine geniale Idee ausmacht. Kekulé, der als Theoretiker bekannt war, hatte sich schon lange mit der Kohlenstoffchemie auseinandergesetzt.

Doch erst im Traum erschien ihm die Lösung. Für jemanden, der sich nicht mit der Fragestellung nach der Anordnung der Atome beschäftigt hatte, hätte der Traum von der Schlange, die sich selbst in den Schwanz beißt, vielleicht bedeutet, den anstehenden Zoobesuch zu verschieben, der Liebsten endlich einen Heiratsantrag zu machen oder sich mit dem Thema Ophiophobie, der Angst vor Schlangen, einmal genauer zu befassen. Für Kekulé jedoch war dieser Traum des Rätsels Lösung.

Gerade dann, wenn wir uns seit längerem mit einer Problemstellung oder einer Entscheidung befassen, arbeitet kurz vor dem Einschlafen oder in unseren Träumen das Unterbewusstsein weiter an diesem Thema und findet womöglich die Antwort.

Tipp: Seien Sie gewappnet

Legen Sie einen Stift und Block oder ein Diktiergerät auf Ihren Nachttisch, um die Ergebnisse Ihrer nächtlichen Intuition schnell dokumentieren zu können. Am nächsten Morgen haben sich die Gedanken gern schon verflüchtigt und sind nicht mehr zu rekonstruieren!

Beispiel: Die Wanne ist voll

Ein weiterer bekannter Theoretiker, der überall, wo er ging und stand, Zeichnungen und Gleichungen kritzelte, machte eine seiner größten Entdeckungen auf recht praktische Weise, nämlich in der Badewanne.

Die Rede ist von Archimedes, einem der bedeutendsten Mathematiker der Antike und einem begnadeten Physiker. Er soll das nach ihm benannte Archimedische Prinzip entdeckt haben, als er beim Einsteigen in einen randvollen Wasserbehälter erkannte, dass genau jene Menge Wasser überlief, die durch sein Körpervolumen verdrängt wurde. Begeistert und voller Freude über die Entdeckung soll er mit dem Ausruf „Heureka!" (altgriechisch für „Ich habe es gefunden!") nackt auf die Straße gerannt sein. Noch heute profitiert der Schiffbau von dem Prinzip, das Archimedes formulierte.

Beispiel: Newtons Baum der Erkenntnis

Ein weiteres Beispiel dafür, dass große Entdeckungen oftmals im Alltag gemacht werden, ist eine Geschichte über Isaac Newton, die sich wie folgt zugetragen haben soll:
Newton, unter anderem Physiker und Philosoph, saß grübelnd unter einem Baum, als ihm ein Apfel auf den Kopf fiel. Dieser Umstand sorgte für mehr als eine kleine Beule. Von dem Fall des Kernobstes vom Baum auf den Boden, oder in diesem Beispiel auf seinen Kopf, leitete Newton das Gesetz der Schwerkraft (Gravitationsgesetz) ab.

Fachleute hinterfragen den Wahrheitsgehalt dieser Geschichte noch heute und vermuten, dass Newton selbst sie erfunden haben könnte, um zu veranschaulichen, wie er in alltäglichen Situationen zu ganz und gar nicht alltäglichen Erkenntnissen kam.

Tipp: Augen auf!

Manchmal sind es wie bei Archimedes oder Newton ganz praktische Erfahrungen, die zu einer Erkenntnis führen. Nach langem Grübeln kann eine zufällige Beobachtung oder ein Detail aus dem Alltag des Rätsels Lösung in sich bergen. Halten Sie also die Augen offen!

Geistesblitze – und es ward Licht!

Es liegt ja in der Natur der Sache, dass Wissenschaftler forschen und etwas ergründen wollen. Und auch der Intuition mochten sie sich nicht nur intuitiv oder philosophisch nähern, sondern durch Messungen und Analysen erfahren, was vor sich geht, wenn die Erkenntnis wie ein Blitz das Gehirn durchfährt. So starteten Mark Jung-Beeman und seine Kollegen von der Universität in Evanston, Illinois, einen Versuch, bei dem sie die Hirnaktivitäten während eines Geistesblitzes maßen. Einige Teilnehmer des Experiments bekamen die Aufgabe, zu drei Wörtern ein weiteres zu kombinieren, das mit den anderen jeweils zu einem sinnvollen Begriff zusammengefügt werden kann.

Zunächst wurde mithilfe einer funktionellen Magnetresonanztomografie, einer Technik mit hoher räumlicher Auflösung, gemessen, in welchen Regionen des Gehirns Aktivitäten sichtbar wurden. Wie Jung-Beeman und sein Team herausfanden, war die vordere Windung des rechten Schläfenlappens immer dann äußerst aktiv, wenn die Lösung wie ein Geistesblitz kam. Mittels eines Elektroenzephalogramms (EEG) stellten sie dann fest, dass die Aktivität, eine Drittelsekunde bevor der Student die Lösung mitteilte, am höchsten war. Viel interessanter jedoch war die Entdeckung, dass unmittelbar bevor der Geistesblitz den Probanden ereilte, in der Region der rechten hinteren Hirnrinde niedrigfrequente Alphawellen entstanden, die genau in dem Moment verschwanden, als der Schläfenlappen aktiv wurde.

Dies ließ die Psychologen zu der Erkenntnis kommen, dass das Gehirn just vor dem Geistesblitz alle visuellen Informationen in der hinteren Hirnrinde ausblendet und dadurch erst eine sprunghafte Aktivität in den Schläfenlappen ermöglicht wird.

Nun war dieses Experiment gesteuert, der Geistesblitz durch eine gewollt lösbare Aufgabe programmiert. Im Alltag sieht es anders aus. Wir grübeln über ein Problem, entwerfen Listen mit Pro- und mit Kontra-Argumenten, befragen Experten, suchen im Internet nach Informationen – und kommen oftmals mit der Problemlösung trotzdem nicht weiter. Wie schön wäre es, wenn wir mittels eines kleinen Tricks die rechte hintere Hirnrinde kurz ausknipsen könnten, um so die gewünschte Dunkelheit zu erreichen, die dem Geistesblitz vorangeht. Doch auch wenn wir diese nicht gezielt provozieren können, werden wir sie schon häufiger erlebt haben, natürlich unbewusst, nämlich eine Drittelsekunde bevor uns eine Erkenntnis traf.

Übung 1: Wann hat Sie der Blitz getroffen?

Egal, um welche Problemstellung es gegangen sein mag – ob darum, wie Sie die ungünstige Ecke in der Küche am besten nutzen können oder wie Sie den potenziellen Neukunden vom Produkt überzeugen: Auch Sie haben sicher schon häufig wie aus heiterem Himmel die Antwort auf eine knifflige Frage gefunden.

Denken Sie nach, erinnern Sie sich und dokumentieren Sie in Stichpunkten drei Ihrer Geistesblitze.

Situation 1: ____

Situation 2: ____

Situation 3: ____

Die Reflexion wird Sie auch in den folgenden Übungen darauf aufmerksam machen, dass Sie zu Geistesblitzen fähig sind. Sie müssen ihnen nur Raum geben.

Geistesblitze in drei Kategorien: Cha-Cha-Cha

Der im Juli 2007 verstorbene US-amerikanische Wissenschaftler Daniel Edward Koshland jr. entwickelte die Cha-Cha-Cha-Theorie. Was nach Tanzstunden klingt, beschreibt keine lateinamerikanische Disziplin, sondern eine Unterteilung prominenter Geistesblitze in drei Kategorien.

Science, das neben dem britischen Pendant *Nature* wohl renommierteste Wissenschaftsmagazin, veröffentlichte postum einen Artikel seines ehemaligen Chefredakteurs Koshland, der die interessante These vertrat, dass sich alle Geistesblitze in die drei Kategorien „Charge", „Challenge" und „Chance" unterteilen lassen.

CHARGE-LÖSUNGEN

„Charge" bedeutet in der technischen Sprache so viel wie „(elektrische) Ladung". Charge-Entdeckungen passieren in Situationen, in denen ein Problem greifbar und offensichtlich ist, viele Menschen befassen sich bereits damit, die Lösung jedoch liegt nicht auf der Hand. Laut Koshlands These lösen Charge-Entdeckungen also offensichtliche Probleme, deren Lösungen aber nicht so offensichtlich sind.

Beispiel: Prominente Charge-Lösungen

Die Geschichte von Isaac Newton, der durch einen herabfallenden Apfel das Gesetz der Schwerkraft entdeckte, ist in die Charge-Kategorie einzuordnen. Viele Wissenschaftler und Gelehrte befassten sich zur Zeit Newtons mit der Frage nach dem Warum – warum Gegenstände auf den Boden fallen oder die Sterne sich am Himmel drehen. Newton entwickelte schließlich die Gravitationstheorie, die diese unterschiedlichen Phänomene erklären konnte.

Viel später, jedoch genauso offensichtlich, stand die Frage im Raum, wie Herzinfarkte, die immerhin mit Abstand häufigste Todesursache, verhindert werden könnten. Die US-Mediziner Joseph Goldstein und Michael Brown brachten als Erste den Cholesterinstoffwechsel damit in Verbindung. Für ihre Entdeckung erhielten sie 1985 den Medizin-Nobelpreis.

Beispiel: Eine Charge-Lösung im Büro

Schon lange überlegt man in der PR-Firma Snap & Co, wie sich Meetings besser und zielorientierter gestalten lassen. Alle Mitglieder der Firma machen sich Gedanken zur Optimierung der Meetingkultur und ein kleiner Arbeitskreis entwickelt schließlich ein Regelwerk: Wer zu spät kommt, zahlt fünf Euro, Handys sind verboten und jedes Meeting wird ab jetzt von einem Vorsitzenden geleitet. Die Handys werden nun zwar vor jeder Besprechung ausgeschaltet, zur Verbesserung der Ablaufstruktur kann diese Maßnahme jedoch nichts beitragen. Das Gegenteil ist der Fall, die neuen Regeln und Vorsätze sind oft nicht praktikabel und es geht viel Zeit dabei verloren, Kollegen zurechtzuweisen und an das neue Regelwerk zu erinnern.

Es scheint keine Lösung in Sicht zu sein – bis zu dem Tag, an dem Jannik G., Berater in der Agentur, mit einem Kunden verabredet ist, um das neueste Briefing für eine PR-Aktion zu besprechen. Die beiden Herren treffen sich mittags im Restaurant. Der Kunde ist bekannt für seine Angewohnheit, nicht auf den Punkt zu kommen, vom Thema abzuweichen und Briefinggespräche unnötig in die Länge zu ziehen.

In dem modernen Thai-Restaurant, in dem das Treffen stattfindet, herrscht zur Mittagszeit reger Betrieb; bis auf einen Stehtisch sind alle Tische besetzt. Da beide Herren hungrig sind, entscheiden sie sich, zu bleiben und ihr Meeting am Stehtisch stattfinden zu lassen. Nach 15 Minuten schmerzen Jannik G. ein wenig die Füße, nach 35 Minuten spürt er seinen Rücken und nach 55 Minuten ist es definitiv Zeit, nach der Rechnung zu fragen und das Restaurant zu verlassen.

Erst auf dem Weg zur Agentur wird ihm schlagartig klar: In 55 Minuten haben er und sein Kunde nicht nur das Briefinggespräch zur beiderseitigen Zufriedenheit und Klärung abgewickelt. Jannik G. hat auch noch herausgefunden, dass sein Kunde begeisterter Taucher ist, thailändisches Essen liebt und sich einen Oldtimer zulegen möchte. Ein voller Erfolg! Anstatt wie sonst nach zähen zwei Stunden gibt es nun in wesentlich kürzerer Zeit zwei zufriedene Parteien, ein gutes Ergebnis und in diesem Fall auch noch ein schmackhaftes Mittagessen.
Durch dieses Erlebnis entdeckt Jannik G. intuitiv die Lösung für das Problem der zu langwierigen Meetings in seiner Agentur

und präsentiert seinem Chef folgende Idee: Das Statusmeeting wird künftig im Stehen absolviert. Der Chef ist begeistert, lässt den Konferenztisch auf Stehtischhöhe aufbocken und freut sich auf demnächst zügigere und effizientere Meetings. Ohne die Erfahrung im Restaurant hätte Jannik G. diesen Charge-Geistesblitz wohl nicht gehabt.

Das Beispiel zeigt, wie ein offensichtliches Problem (ein ineffizientes Meeting), mit dem sich bereits viele beschäftigt haben (Kollegen entwarfen Regeln und Richtlinien), auf unoffensichtliche Weise (Veränderung der Perspektive) gelöst werden kann – ein Paradebeispiel für einen Charge-Geistesblitz, so wie Koshland ihn formuliert hatte.

Übung 2: Ihr Charge-Erlebnis
Gab es in Ihrem Alltag oder beruflichen Umfeld einmal eine Problemstellung, deren Lösung sich mehrere Personen angenommen haben, aber nicht zum Ergebnis kamen? Hatten Sie vielleicht den zündenden Charge-Geistesblitz?

CHALLENGE-LÖSUNGEN

„Challenge“ bedeutet so viel wie „Herausforderung“. Koshland zufolge besteht diese darin, eine wachsende Zahl von Puzzleteilchen zusammenzufügen, die einzeln genommen durchaus widersprüchlich und ungeklärt sind. In der Wissenschaft sind Challenge-Lösungen häufig das Ergebnis harter Forschungsarbeit von vielen Einzelnen – eine mühsame Kollektivarbeit also. Die endgültige Lösung oder die plausible Erklärung wird oft nur von einem Forscher ermittelt, den man dann als den Entdecker feiert.

Beispiel: Prominente Challenge-Lösungen

Thomas Alva Edison gelangen zahlreiche Challenge-Lösungen. Er beschäftigte sich häufig mit Thematiken, an denen auch andere Wissenschaftler arbeiteten. Oftmals entwickelte er die Forschungsergebnisse („Puzzleteilchen") der Kollegen weiter, betrachtete also deren Resultate lediglich als Zwischenstand und machte sich an die Optimierung.

Auch Einstein war ein Challenger: Dass Lichtgeschwindigkeit konstant ist, hatten Forscher bereits Mitte des 18. Jahrhunderts entdeckt, dies aber nicht begründen können. Das gelang erst Albert Einstein mit der Entwicklung der Relativitätstheorie und der These, dass die Lichtgeschwindigkeit die Obergrenze für Materie und Information ist.

Beispiel: Kommissar Challenge im Einsatz

Anschauliche Beispiele für Challenge-Lösungen lassen sich in fast jedem Fernsehkrimi beobachten. Ein Team von Experten (und manchmal auch Laien, die sachdienliche Hinweise geben können) trägt Puzzleteilchen zusammen. Meist stammen diese aus verschiedenen Disziplinen: Forensik, Ballistik, Serologie, Ostcologie, Psychologie. Nicht immer passen die Puzzleteilchen zusammen, oft lassen sie unterschiedlichste Rückschlüsse und Interpretationen zu und häufig ist jedes für sich genommen nicht viel wert.

Doch dann kommt die Intuition ins Spiel: Plötzlich hat wahlweise der Kommissar mal etwas in einem Buch für Angler gelesen oder der Assistent erinnert sich an eine Randnotiz aus einer alten Akte – die Teilchen fügen sich durch die neue Information zusammen und schon, wie aus dem Nichts, ist des Rätsels Lösung gefunden.

Übung 3: Ihr Challenge-Erlebnis

Gerade in der Teamarbeit oder bei Aufgaben, die abteilungsübergreifend gelöst werden, können wir die von Koshland als „Challenge"-Geistesblitz bezeichneten Lösungen finden.
Waren Sie schon einmal Zeuge einer solchen Lösung oder haben Sie selbst eine gefunden? Bitte notieren Sie Ihre Gedanken.

CHANCE-LÖSUNGEN

Koshlands dritte Kategorie „Chance“ bezeichnet eine scheinbar zufällige Lösung. Dennoch funktioniert Chance nicht nach dem Prinzip „Die dümmsten Bauern haben die dicksten Kartoffeln“. Vielmehr gehören zur Lösungsfindung in diesem Fall ein wacher Verstand und die Fähigkeit, den Fund zu erkennen.

Beispiel: Prominente Chance-Lösungen

Dass uns heutzutage bakterielle Infekte längst nicht mehr so viel anhaben können, haben wir einerseits der Schusseligkeit, andererseits der genialen Chance-Lösung des britischen Arztes Alexander Fleming zu verdanken. Fleming vergaß vor den Sommerferien des Jahres 1928, eine Bakterienkultur an seiner Arbeitsstätte im St. Mary's Hospital in London wegzuräumen. Nach seiner Rückkehr fand er in der Kultur einen Pilz vor, der die Bakterien in seinem Umfeld vernichtet hatte. So konnte Fleming mit Penizillin das erste Antibiotikum isolieren. Dank dieses „Chance"-Geistesblitzes wurden bis heute unzählige Menschenleben gerettet.

Das ordentliche Aufräumen schien auch Roy Plunkett nicht gerade im Blut zu liegen. Zum Glück, denn so erfand er Teflon. 1938 hatte er mit Kühlmitteln experimentiert und eine Fluorkohlenwasserstoffverbindung über Nacht in einem Gefäß gelassen. Am nächsten Tag hatte sich aus dieser Verbindung ein weißes wachsartiges Pulver gebildet, das sich als hitzebeständig und nichthaftend herausstellte. Polytetrafluorethylen war entdeckt und wurde später von der Firma DuPont als Teflon vermarktet.
Übrigens soll seine Frau auf die Idee gekommen sein, diese Beschichtung für Kochgerätschaften zu verwenden. An dieser Stelle gilt unser Dank daher Mrs. Plunkett, deren Lösung jedoch eher dem Bereich Challenge zuzuordnen ist.

Die Beispiele der Chance-Lösungen, so wie Koshland sie definiert hat, sind natürlich keine Aufforderung, das Büro vermüllen zu lassen … Getrockneter Kaffeesatz mag zwar manchen Menschen einen Ausblick auf die Zukunft bescheren, aber das ist eine andere Geschichte. Lösungen finden sich eher selten in alten Pizzakartons, überholten Metzgerei-Postwurfsendungen oder verkrusteten Zuckerresten in einer Dose.

Tipp: Take a chance
Um zu einer Chance-Lösung gelangen zu können, müssen Sie mit offenen Augen durch die Welt gehen und für Impulse empfänglich sein. Sie müssen bereit sein, sich vom Banalen oder von scheinbaren Missgeschicken inspirieren zu lassen und den Zufall zu nutzen. Häufig findet man Antworten dort, wo man sie am wenigsten vermutet hat. Sie werden jedoch nur dann auf sie aufmerksam, wenn Ihre Wahrnehmung gut entwickelt ist und Sie Ihrer Intuition vertrauen.

„Probleme kann man niemals mit derselben Denkweise lösen, durch die sie entstanden sind." Diese Sentenz stammt von Albert Einstein, der uns schon als Beispiel für Challenge-Lösungen gedient hat. Die Intuition war für Einstein stets der zentrale Ausgangspunkt. Der Wissenschaftler behauptete einmal, er verfüge über keine besondere Begabung, er sei nur leidenschaftlich neugierig. Seine Neugier, seine Intuition und seine unkonventionellen Denkansätze dienten als Zünder für so manchen Geistesblitz – nicht nur für die der Kategorie Challenge.

Übung 4: Wann haben Sie Ihre Chance genutzt?
Oft sind es zufällige Beobachtungen oder Begebenheiten, die uns auf geniale Ideen oder Problemlösungen bringen. Wann spielte in Ihrer Berufs- oder Alltagswelt der Zufall bei einer Problemlösung oder einer Ideenentwicklung eine tragende Rolle? Erinnern Sie sich und notieren Sie die Begebenheit.

Cha-Cha-Cha im Gleichklang

Nun haben Sie viel über berühmte Köpfe der Geschichte und ihre faszinierenden Erfindungen und Entdeckungen erfahren. Dies ist jedoch kein Grund, sich klein zu fühlen, denn schließlich heißt es „Lernen von den Genies".

Damit wir die Kirche wieder zurück in unser Alltagsdorf tragen, betrachten wir die Cha-Cha-Cha-Theorie einmal anhand dieses Buches.

Beispiel: Die Entstehung dieses Buches

Es müssen nicht immer die weltbewegenden Erfindungen sein, die unsere Intuition fordern und unsere Geistesblitze verlangen. Bei der Entstehung dieses Buches finden wir alle drei Kategorien, nach denen Koshland Geistesblitze kategorisiert, beieinander.

Es liegt was in der Luft: Das Thema Intuition tauchte in den letzten drei bis vier Jahren vermehrt in den Medien auf. Intuition war auf einmal überall „angesagt": in den Buchhandlungen, den Wissenschaftsressorts großer Publikumsmagazine, im Radio und in den Köpfen der Personalentwickler großer Unternehmen. Besonders in den Personalabteilungen fand ein großes Umdenken statt: Führungskräfte sollen nicht nur, sie müssen intuitiv sein. Sie sollen sich auch mal auf ihren Bauch verlassen, anstatt nur rational abzuwägen, zu analysieren und zu argumentieren. Was noch vor ein paar Jahren vielleicht im sozial-zwischenmenschlichen Bereich oder für einen Heilstein-Handelsvertreter gegolten hätte, ist also in den Vorstandsetagen von Banken, Versicherungen und großen Mischkonzernen längst zur Realität geworden. Der Charge-Geistesblitz der Verantwortlichen beim Haufe Verlag lag darin, ein Buch zu veröffentlichen, das sich nicht nur im Allgemeinen mit dem Thema Intuition beschäftigt, sondern als Trainingsbuch die Leser darin unterstützt, ihre eigene Intuition auszubauen.

Das Puzzlespiel: Beim Thema Challenge kommen dann wir als Autorinnen ins Spiel. Intuition ist ein Thema, das wir schon lange mit großem Interesse verfolgen und das in unserem Alltag als Beraterinnen und Coachs oft eine zentrale Rolle spielt. Die bisher erschienenen klugen Veröffentlichungen zum Thema Intuition sind die vielen, vielen Puzzleteile, mit denen wir nun dankbar spielen dürfen. Unsere Aufgabe/Challenge ist es, aus diesen Puzzleteilen Rückschlüsse und Ableitungen für das Berufs- und Alltagsleben der Leser zu ziehen und die Brücke zwischen Theorie und Praxis zu schlagen.

Wie es der Zufall will: Viele der Alltagsbeispiele in diesem Buch würden wir der Kategorie Chance zuordnen, denn sie basieren zumindest in Grundzügen auf wahren Begebenheiten. Von den meisten wurde uns berichtet, und zwar lange bevor wir wussten, dass wir ein Buch zum Thema Intuition schreiben würden.
Charge, Challenge und Chance betreffen also nicht nur die großen Wissenschaftler und Denker der Weltgeschichte, sie begleiten uns in Form von kleinen Geistesblitzen eigentlich alltäglich.

Übung 5: Ihr Cha-Cha-Cha-Erlebnis

Es kann eine ganz gewöhnliche Begebenheit gewesen sein, ein Projekt im Job, eine Fragestellung im Alltag, bei der Sie von allen drei Kategorien des Geistesblitzes nach Koshland unterstützt wurden. Bitte notieren Sie aus Ihrer Erinnerung:

1. Kurze Beschreibung der Begebenheit
2. Charge-Ansatz
3. Challenge-Ansatz
4. Chance-Ansatz

Sie sind das Genie

Das Wort „Genie“ geht auf den lateinischen Begriff „genius“ zurück, der für den „Schutzgeist“, ursprünglich für den „Erzeuger“ steht. Es wurde Anfang des 18. Jahrhunderts aus dem Französischen entlehnt: Unter einem „génie“ verstand man eine „überragende schöpferische Geisteskraft“ bzw. einen „hervorragend begabten schöpferischen Menschen“. Diese Bedeutung hat der Begriff noch heute.

Der Ansatz, diese Begabung mithilfe des Intelligenzquotienten zu messen, wird vielfach kritisiert. Ein Argument lautet, dass ein Genie anhand von tatsächlichen Ergebnissen ermittelt werden sollte und nicht an der vorhandenen Kapazität zur Erbringung genialer Leistungen. Außerdem kann man die Intelligenz im Zusammenhang mit Genialität nicht isoliert betrachten, denn es würden die wichtigsten Faktoren fehlen: Kreativität, Phantasie und natürlich auch die Intuition.

Nutzen Sie also Ihre Fähigkeit zur Intuition! Schulen Sie Ihre Wahrnehmung, trainieren Sie Ihre rechte Gehirnhälfte! Nutzen Sie die Cha-Cha-Cha-Komponenten gezielt zur Provokation von Geistesblitzen und wenden Sie die intuitiven Kreativitätstechniken aktiv in Ihrem Arbeitstalltag an, um geniale Lösungen zu finden.

Freiräume schaffen für Visionen

Viele der Genies, von denen wir berichtet haben, hatten Visionen, große Gedanken, die anderen Zeitgenossen unmöglich erschienen, Ideen, die von den „Normalen" als Spinnerei abgetan wurden. „Vision" ist ein großes Wort und sofort, ganz intuitiv, mit noch größeren Gefühlen und spontanen Reaktionen verbunden. „Wer Visionen hat, sollte zum Arzt gehen", soll der ehemalige Bundeskanzler Helmut Schmidt gesagt haben. Andere Lenker, Firmenchefs oder Kommunikationsexperten formulieren für Ihre Unternehmen dagegen „Vision-Mission-Statements", ehrfürchtige Passagen, die bedeutungsschwanger das Kommende verkünden sollen.

Eine Vision ist eine Erscheinung vor dem geistigen Auge, etwas, das man sieht, bevor es real da ist. Visionen sind die größeren Brüder und Schwestern der Ziele. Über Ziele und Visionen wird viel geschrieben, es geht im Geschäftsleben und auch im privaten Bereich nicht ohne.

Visionen sind allerdings nicht logisch. Das können Sie nicht sein, denn sie richten sich auf die Zukunft und sprechen von Unbekanntem mit nicht vorhersehbarem Ausgang: alles Komponenten, die die Intuition förmlich in Wallung versetzen. Visionsbilder entstehen aus Wünschen, aus Sehnsüchten oder aus anderen Gründen, die sehr wenig mit der Ratio zu tun haben. Visionen sind enorm machtvoll. Hat sich erst einmal ein starkes Bild formiert und in unserem Kopf (oder ist es eher der Bauch?) festgesetzt, dann lässt es einen so schnell nicht mehr los und wird immer stärker. Es verbreitet sich wie eine Explosion in konzentrischen Kreisen.

Beispiel: John F. Kennedy

Eine der bekanntesten Visionen ist die des ehemaligen amerikanischen Präsidenten John F. Kennedy. Er hatte das Bild vor Augen, wie der erste Mensch auf dem Mond landet, und das in einem amerikanischen Astronautenanzug und mit einer Stars-and-Stripes-Flagge in der Hand. Ein ungeheures Bild, das die gesamte Nation erfasste und ungeahnte Kräfte freisetzte. Die Wunschvision eines Mannes motivierte und mobilisierte ein ganzes Volk, weil jeder sie zu seiner eigenen persönlichen Wunschvision gemacht hatte und zum Gelingen beitragen wollte.

Der Mond ist mittlerweile gut besucht, wir müssen uns also für unsere Unternehmen oder unsere Vorhaben ein anderes visionäres Ziel suchen. Wenn Sie möchten, dass Ihnen andere folgen und dieselbe Leidenschaft für Ihre Vision entwickeln wie Sie selbst, dann sollten Sie sich dabei auf Ihre Intuition besinnen und einige einfache Voraussetzungen bei der Formulierung Ihrer Vision beachten:

- **Visionen sind hochemotional:** Sie bewegen sich im Bereich der Intuition und des Unterbewussten. Logik bringt Sie nicht weiter. Eine Beamerpräsentation mit Zahlen, Daten, Fakten und mit nach oben zeigenden Statistiken ist noch keine Vision und kein geeignetes Anwerbemittel für überzeugte Anhänger.
- **Wer Leidenschaft will, muss Leidenschaft geben:** Visionäre sollten selbst leidenschaftlich sein und für das „brennen“, was sie verkünden, sonst glaubt man ihnen nicht. Wer im Management von Werten und Moral spricht und selbst Steuern hinterzieht, hat wenig Chancen, dass seine Appelle motivierte „Fans“ finden.
- **Bilder und Geschichten sind stärker als Fakten und Zahlen:** Sprechen Sie eine emotionale Sprache: „Ein kleiner Schritt für einen Menschen, ein großer Schritt für die Menschheit!“, dann ein Hüpfer und ein für immer in die Erinnerung eingebrannter Fußabdruck. Das sind starke Bilder. Formulieren Sie Ihre Vision mithilfe solcher Bilder, die nicht den Kopf, sondern den Bauch treffen, damit sie ihre volle Kraft und Wirkung entfalten können.

Work-Life-Play

Ideen, Innovationen, Kreativität und auch Visionen haben eines gemeinsam: einen starken spielerischen Aspekt. Spielen ist interessanterweise rein intuitiv bei den meisten Menschen ein Begriff, der emotional belegt ist. Spielen gilt zudem eher als etwas, das Kinder tun. Die Verbindung von Spiel und Businesswelt fällt vielen von uns schwer. Spielen hat keinen Platz im Ernst des Lebens.

Manche Spiele haben nicht einmal richtige Regeln, auch der Nutzen ist unklar. Was hat also das Spiel mit Geschäft zu tun? Viel, denn Spielen ist pure Kreativität. Und Kreativität ist – wie wir ja wissen – eine wesentliche Erfolgskomponente für die Unternehmen von heute. Spielen heißt ausprobieren, umwerfen, aufbauen und wieder umwerfen. Im Spiel kann ein und dieselbe Person arm, reich, jung oder alt sein, ein Mann, eine Frau oder Pirat. Man kann sich in eine Sternschnuppe oder einen Schokoladenkuchen verwandeln, unsichtbar, geklont oder immateriell werden. Gleich, welcher Aggregatszustand, welche Person, welche Form, welches Alter, welcher Planet – im Spiel ist alles möglich: Perspektivenwechsel in Bestform und die optimalen Voraussetzungen für unsere rechte Gehirnhälfte und unser Unterbewusstsein, neue und vielfältige Erfahrungen zu sammeln.
Treten Ihnen schon Schweißflecken auf die Stirn oder zuckt es unruhig in Ihrer Magengegend? Möchten Sie spielen? Oder macht Ihnen diese ziellose Ausgelassenheit Angst?

Interessanterweise haben vor allem wir Deutschen ein Spielproblem: Wir finden Spielen einfach kindisch. Also ungeeignet für die Businesswelt, außer wir sind offizieller Hersteller von Spielen. Werfen wir kurz einen Blick in andere Länder, zum Beispiel Indien, China, Korea oder Japan. Die Menschen dort sind offenbar gern „kindisch“. Sie lieben bunte Spielsachen, Unterhaltungselektronik, blinkende Männchen, Tamagotchis zum Füttern, abstruse Klingeltöne, freakige Musiktools. Sie kichern auch insgesamt mehr, und das nicht nur aus Freundlichkeit. Sie scheinen wirklich Spaß daran zu haben. Und zugleich sind sie mit ihrer Verspieltheit wirtschaftlich sehr erfolgreich. Denn es gibt keine Innovation ohne spielerische Komponente.

Work-Life-Balance hat sich vom Schlagwort zum anerkannten Lebensentwurf entwickelt. Es beschreibt ein gutes, ausgewogenes Verhältnis von Arbeit und Privatleben. Sowohl als auch, nicht entweder oder. Vorrangiges Ziel ist, alle Aktivitäten in einem vernünftigen Verhältnis unter einen Hut zu bekommen. Das heißt sinnstiftende Arbeit, die man gern macht, anstatt im Job auszubrennen und gesundheitliche wie psychische Langzeitschäden davonzutragen. Das bedeutet eine Aufwertung des Privaten, die Wichtigkeit von tragfähigen Beziehungen, der Wert der Familie und vor allem für Frauen die Möglichkeit, nicht mehr zwischen Karriere und Kindern wählen zu müssen. Doch wer Seiltänzern im Zirkus zusieht, weiß, wie schwer das Balancieren ist.

Die Trendforschung fand den Begriff Balance wohl auch etwas anstrengend und hat ein neues Schlagwort erfunden: Work-Life-Play. Das Spielen ersetzt das Balancieren. Der Begriff impliziert, dass wir bei all der Anstrengung, die Balance zu halten, nicht die Lebensfreude und Leichtigkeit verlieren sollen. Er ist ein kleines Plädoyer gegen den Perfektionismus.

Beispiel: Das Missverständnis „Balance"

Frau Weber hatte einen ziemlich hohen Posten mit sehr viel Verantwortung. Sie hat mindestens 18 Stunden am Tag geschuftet, ist in ihrem Beruf voll aufgegangen, kam mit vielen interessanten Menschen zusammen, war ständig beruflich unterwegs und rund um die Uhr erreichbar. Der Preis: mehrere gescheiterte Beziehungen, genervte Freunde, einige Stresssymptome, Schlafmangel und andere kleine Zipperlein.

Seit zwei Jahren ist Frau Weber liiert und hat ein einjähriges Kind. Seit einem halben Jahr arbeitet sie wieder, der Vater des Kindes hat vorerst die Versorgung der Familie übernommen.
Frau Weber übt sich in Work-Life-Balance und steht kurz vor einem Totalzusammenbruch. Sie versucht weiterhin, denselben Job mit demselben Qualitätsanspruch zu machen. Sie will im Beruf nach wie vor alles geben, muss natürlich Einschränkungen machen, was Zeit, Reisetätigkeiten und die ständige Erreichbarkeit betrifft. Zugleich hat sie ein schlechtes Gewissen, dass sie ihrem Partner alles Häusliche überlässt und ihr Kind so selten sieht. Die Freunde sind weiterhin genervt, sie sehen Frau Weber noch seltener, und wenn, dann immer nur völlig erschöpft und mit Kind.

Der Irrglaube, dem Frau Weber aufsitzt, ist, dass die Balance darin bestehe, in beiden Bereichen, dem Beruf und dem Privatleben, weiterhin denselben Qualitätsanspruch erfüllen zu wollen als bisher in nur einem Bereich. Statt 100 Prozent nun 200 Prozent – und das Ganze in derselben Zeit für den mindestens doppelten Aufwand.

Achtung: Machen Sie Abstriche!

Wer aus einem Bereich zwei macht, die er ins Gleichgewicht zu bekommen versucht, muss in beiden Bereichen Abstriche machen und an allen Stellrädchen drehen, das heißt Zeit, Qualitätsanspruch, Perfektionismus, Verfügbarkeit, Geld, Engagement und einigem mehr. Wer eine Familie hat, kann nicht 100 Prozent für seinen Beruf da sein. Wer seinen Job zu 100 Prozent macht, hat wenig Zeit für andere und anderes. Wer denkt, er kann die 100 Prozent auf 200 Prozent erhöhen, kann nicht rechnen und lebt gefährlich.

Frau Weber braucht einen neuen Plan, der zu ihrem Balanceakt passt, und muss definieren, wie sie die 100 Prozent verteilen möchte, damit die Rechnung in Zukunft aufgehen kann.

Übung 6: Rollenverteilung

Schreiben Sie alle Rollen, die Sie im Beruf und privat bekleiden und ausüben, auf ein Blatt, zum Beispiel

- Manager(in)
- Vater/Mutter
- Ehemann/-frau
- Sohn/Tochter
- Gärtner(in)
- Fußballer(in)
- Trainer(in) usw.

Und nun verteilen Sie die 100 Prozent auf Ihre Rollen. Wenn Sie 100 Prozent Kraft zu verteilen haben, wie viel davon entfällt dann zum Beispiel auf die Rolle des Vaters, des Managers, des Trainers? Schreiben Sie die Prozentangaben hinter die verschiedenen Rollen auf Ihrer Liste.

Wie sieht Ihre Verteilung aus? Sind Ihnen 100 Prozent zu wenig? Mehr haben Sie leider nicht. Vielleicht könnten Sie auf die eine oder andere Rolle verzichten oder Prozente umverteilen? Spielen Sie. Balancieren Sie.

Nur wer seinen ganz persönlichen Plan für seine Balance hat, besitzt die Möglichkeit, Freiräume für sich und seine Kreativität zu schaffen.

Siebter Schritt: Intuition richtig kommunizieren

Nachdem wir in Schritt 1 bis 6 besprochen haben, wie man seine Intuition aktiv nutzen und seine Kreativität fördern kann, beschreiben wir nun, wie man seine intuitiv gewonnenen Einsichten anderen am besten vermittelt und mit den zu erwartenden Widerständen umgehen kann.

„Wir müssen mal reden"

Das ist für Männer wahrscheinlich der meistgehasste Satz von Frauen. Denn sie wissen, dass jetzt irgendetwas mit viel Emotion kommt, dem sie sich gleich hilflos ausgesetzt fühlen werden. Irgendetwas ganz Wichtiges, was aber oftmals schwer zu verstehen ist.
Emotionale Themen sind schwer zu kommunizieren, schon im Privaten. Und im geschäftlichen Umfeld noch viel mehr. Wenn Sie also Ihre Intuition im Berufskontext trainieren, sollten Sie sich auch Gedanken darüber machen, wie Sie dies Ihren Kollegen mitteilen.

Nehmen wir an, Herr Schulze steht vor versammelter Mannschaft, vielleicht 20 ernst dreinblickenden Männern und Frauen, die für das Schicksal des Unternehmens verantwortlich zeichnen, und sagt mit flacher Stimme: „Wir sollten den Vertrag noch nicht unterschreiben. Ich habe kein gutes Gefühl dabei."
Es folgt ein Moment der Stille, dann ein leises Kichern im linken hinteren Eck, nun ein Räuspern. Jemand sagt: „So, so, interessant", wieder eine kurze Pause.

„Sie haben kein gutes Gefühl dabei, wenn wir über ein Millionengeschäft verhandeln? Wenn wir planen, in fünf europäische Länder und nach Asien zu expandieren, unsere Mannschaft zu verdoppeln und gerade vor dem Geschäft unseres Lebens stehen?!", hört Herr Schulze nun von seinem Geschäftsführer. Am Satzanfang war dieser noch relativ ruhig, gegen Ende hat sich seine Stimme fast überschlagen. „Sagen Sie mal, Schulze, geht's Ihnen nicht gut? Ihre Frau macht doch da gerade so einen Selbstfindungskurs, oder? Hängt das damit zusammen? Brauchen Sie Urlaub? Kommen Sie einfach nach dem Meeting in mein

Büro, dann besprechen wir alles." – „Und", fährt der Chef, wieder halbwegs gefasst, mit Blick in die Runde der verdutzten Gesichter fort, „meine Damen und Herren, wir machen jetzt weiter und unterzeichnen das Papier."
Dieses Szenario gehört sicher in die Kategorie „Worst Case", könnte aber durchaus so passieren, wenn Sie beherzt Ihrem Bauchgefühl Stimme verleihen, aber leider im falschen Moment, zur falschen Zeit, am falschen Ort, im falschen Unternehmen. Dann waren Sie zwar mutig, ob es gut war und ob Sie es ein zweites Mal so machen würden, sei dahingestellt.

„Esoterischer Quatsch"

Alles, was sich nicht addieren, multiplizieren oder in Tabellenform darstellen lässt, hat es nicht nur sachlich, sondern auch kommunikativ schwer. Nicht weil es per se schlecht ist, sondern sich schlecht vom Gegenüber verarbeiten lässt. Was machen Sie mit Gehörtem, das Sie nicht sofort verstehen und das in Ihnen ein Unbehagen auslöst, welches Sie logisch nicht erfassen können? Sie versuchen, es in eine Ihrer voretikettierten Schubladen zu stecken, finden aber keine passende.

Was macht fast jeder von uns in einem solchen Fall im normalen Geschäftsalltag? Er legt einen neuen Ordner an mit einem Schild, auf dem „Sonstiges" oder „Diverses" steht. „Sonstiger Esoterikkram" könnte die Aufschrift auf der Schublade sein, in die die komischen Äußerungen „schlechtes Gefühl" des Herrn Schulze von seinem Chef und den umstehenden Kollegen abgelegt wurde.

Dieselbe Situation hätte aber auch anders verlaufen können. Stellen Sie sich noch einmal vor, wie Herr Schulze Luft holt und mit fester Stimme die drei kleinen, aber alles entscheidenden Worte „kein gutes Gefühl" ausspricht. So wie dieses Satzbruchstück jetzt wirklich aus den Tiefen des Schulze'schen Unterbewusstseins nach oben kommt, so dringt es sofort auf der anderen Seite auch dort wieder ein, in die Bauchgegend der umstehenden Personen, die die Botschaft aufnehmen. „Kein gutes Gefühl" gehört daher zu der Sorte Information oder Sachverhalt, die – weil unbekannt, komplex, unter Zeitdruck, unter Gruppendruck und mit einer ungewissen Zukunftsperspektive – für unseren Verstand nicht leicht und schnell zu verarbeiten sind. Was macht unser Hirn in solchen Fällen? Es „gibt ab" ans Unterbewusstsein. Erinnern Sie sich an das Bild der Innovationsbibliothek: Jetzt fangen die kleinen Bibliothekarsgehilfen an, hin und her zu rennen,

sämtliche Erfahrungen aus allen erdenklichen Archiven zusammenzutragen und Rückmeldung zu geben. Und das alles in Sekundenbruchteilen.
Wie könnte die Rückmeldung in diesem Fall ausgesehen haben? Was schoss zum Beispiel Schulzes Chef bei „kein gutes Gefühl" durch den Sinn? Oder der Kollegin, die Schulze gut kennt? Oder dem Controller, der im Grunde seines Herzens auch gegen den Vertrag ist? Oder dem visionären Entwickler, der das Vertragspapier lieber gestern als heute unterzeichnet hätte.

Wir können ja mal reinhören, welche intuitiven Meldungen möglicherweise durch die verschiedenen Nervenstränge nach oben kamen: „Der Schulze schon wieder! Soll doch einfach mal die Klappe halten", „Kritik?! Ich hasse Kritik!", „Ich habe auch kein gutes Gefühl", „Expandieren ist blöd. Bei Firma XY hat es auch nicht funktioniert", „Noch mehr reisen, das gibt Stress zu Hause", „Jetzt sind wir schon so weit. Los, unterschreiben. Es gibt kein Zurück", „Augen zu und durch, der Chef wird schon wissen, was er tut" ... Das war nur ein kleiner Mitschnitt aus den Gesprächen des Unterbewusstseins der im Raum befindlichen Personen.

Achtung: Kommunikation von Emotionen

Wenn wir uns mit gelungener Kommunikation von Emotionen beschäftigen, muss uns klar sein, dass wir damit die unterschiedlichsten Reaktionen bei unserem Gegenüber auslösen. Und die Antworten, die wir erhalten, entstammen in den seltensten Fällen dem Verstand, die meisten sind Botschaften aus dem Untergrund, intuitive Rückmeldungen aus unserem unterbewussten Erfahrungsspeicher. Die kommen dann – je nach Reaktionsgeschwindigkeit und dem Wesen der einzelnen Personen – ungefiltert und spontan zum Vorschein oder wurden bereits mit vorgeschobenen, scheinbar rationalen Argumenten versehen, die die intuitive Ursprungsbotschaft verändert haben.

Wie gelingt es, so über intuitive Gedanken und Gefühle zu sprechen, dass ein sinnvoller und zielführender Dialog zustande kommt?

"Was will ich eigentlich sagen?"

Das Sender-Empfänger-Modell der Kommunikation von Stuart Hall ist nicht mehr ganz neu, vermittelt uns aber immer noch ein deutliches Bild, um das Prinzip der Kommunikation zu erklären und zu erkennen, warum so viele Missverständnisse entstehen und ergebnislose Gespräche geführt werden.
Wie der Name des Modells schon sagt, gibt es einen Sender A und einen Empfänger B. Der Sender verschickt eine kommunikative Botschaft und der Empfänger nimmt sie entgegen. Bei der Übertragung der Nachricht von A nach B können nun verschiedene Störungen auftreten, zum Beispiel:

- **Störung 1:**
  A sagt: „Ich kann heute nicht zu dir kommen."
  B denkt: „Der mag mich nicht mehr."
- **Störung 2:**
  A sagt: „Meine ganze Familie ist in Erbstreitereien verstrickt, es geht um Millionen, aber wenn wir so weitermachen, bleibt vom Erbe nichts übrig."
  B hört nur: „Es geht um Millionen." Was hängen bleibt, ist der Eindruck, A wäre reich. Den Rest des Gesagten hört B nicht.
- **Störung 3:**
  A sagt: „Frau Müller hat schon wieder ein neues Kleid."
  B versteht: „Frau Müller hat schon wieder ein neues Kleid." A ist enttäuscht, denn sie wollte mitteilen: „Wenn Frau Müller ein neues Kleid hat, will ich auch eins und du sollst es mir kaufen."
- **Störung 4:**
  A spricht griechisch.
  B spricht deutsch und „versteht nur Bahnhof".
- **Störung 5:**
  A spricht klar und deutlich.
  B steht direkt vor ihm, könnte theoretisch alles verstehen, kann jedoch praktisch nicht richtig zuhören, weil er dringend auf die Toilette muss.
- **Störung 6:**
  A sagt: „Wir kürzen Ihnen das Gehalt, dafür arbeiten Sie aber zwei Stunden länger."
  B versteht, was er meint, will es aber nicht verstehen und schaltet den Empfang einfach ab.

- **Störung 7:**
  A steht am Bahnhof und erzählt B eine durchaus interessante Geschichte.
  B versteht aber wegen der Geräuschkulisse nur bruchstückhaft jedes dritte Wort.

Die Liste der Störungen ließe sich noch beliebig fortsetzen – zum Beispiel Übersetzungsfehler, fehlerhafte Übertragungen etwa bei E-Mails oder Faxen, mangelnde technische Voraussetzungen wie schlechte Telefonleitung, Mehrdeutigkeit, kulturelle Sprachunterschiede, Abgelenktheit der Beteiligten und so weiter – und zeigt, dass Kommunikation nicht leicht ist bzw. leicht danebengehen kann.

Das Kinderspiel „Stille Post“ basiert auf diesen Störungen. Hier freut man sich darüber, dass das, was am Ende der Flüsterkette herauskommt, so gar nichts mehr mit dem am Anfang Gesagten zu tun hat. Im Geschäftsleben kann der „Stille-Post-Effekt“ üble Folgen haben.

Tipp: Verstehen

Wenn Sie wollen, dass Ihr Gegenüber Sie versteht, müssen Sie zuerst Ihr Gegenüber verstehen. Der Empfänger der Botschaft ist das wichtigste Regulativ. Was Sie als Sender sagen wollen, hängt ausschließlich davon ab, wie Ihr Pendant das Gesagte wahrnimmt und versteht. Deswegen müssen Sie Ihren Blick zuallererst auf Ihren Gesprächspartner lenken und sich über ein paar wesentliche Fragen Gedanken machen, zum Beispiel:

- Was für ein Typ ist sie oder er?
- Ist sie/er eher spontan, souverän, ängstlich, sensibel, schnell, langsam, vorurteilsbehaftet und so weiter?
- Ist sie/er gerade aufnahmefähig? Oder total im Stress, mit den Gedanken woanders, schlecht gelaunt oder in anderer ungünstiger Stimmungslage?
- Wie ist sie/er Ihnen gegenüber eingestellt? Schätzt sie/er Sie persönlich oder fachlich? Kann sie/er Sie gut, einigermaßen oder gar nicht leiden, vertraut sie/er Ihrem Urteil, welche Erfahrungen hat sie/er bisher mit Ihnen gemacht und so weiter?

Sie müssen selbst genau wissen, was Sie sagen wollen

Fangen Sie bitte nicht erst zu überlegen an, was Sie eigentlich sagen wollten, wenn Ihr Gegenüber schon neugierig die Ohren spitzt. Bereiten Sie Ihre Gespräche gut vor und überlegen Sie sich im Vorfeld:

- Was genau ist mein Anliegen?
- Was will ich mit dem Gespräch erreichen?
- Mit welchem Ergebnis bin ich zufrieden (im besten wie im schlechtesten Fall)?
- Wie will ich dabei wirken? Kämpferisch, besonnen, leidenschaftlich, engagiert, mahnend und so weiter?

Sie sollten sich im Vorfeld überlegen, welche Reaktion Sie von Ihrem Gegenüber erwarten

Was soll Ihr Gegenüber nach dem Gespräch machen? Noch einmal überlegen? Eine Entscheidung treffen? Ein Thema promoten? Veränderungen vornehmen? Ihnen Feedback geben bis Montag 10.30 Uhr?

Vermeiden Sie Störungen!

Denken Sie an das Sender-Empfänger-Modell und die immensen Möglichkeiten für Kommunikationsstörungen und vermeiden Sie, was im Vorfeld zu vermeiden ist, zum Beispiel:

- keine laute Umgebung oder Störgeräusche
- nicht in Stresssituationen, etwa vor einem Meeting, noch bevor jemand den Mantel ausgezogen und eine Kaffeetasse in der Hand hat.

Wählen Sie die passende Sprache und Darstellungsform

Zum Leidwesen von Menschen, die über sehr viel Fachwissen verfügen und das gern auch an den Mann und die Frau bringen wollen, sei an dieser Stelle noch einmal darauf hingewiesen, dass es nicht allein auf den Inhalt ankommt, sondern ebenso auf die Form. Und dass in vielen Gesprächen sogar gilt: Form vor Inhalt (siehe auch den folgenden Abschnitt).

Die negativste Auswirkung davon ist, dass es guten Rhetorikern gelingen kann, inhaltlich völligen Blödsinn durch eine gute Darstellungsform besser erscheinen zu lassen. Da können wir nur hoffen, dass die Zuhörer über eine so gute Intuitionsgabe verfügen, dass sie den Schwindel erkennen.

Generell gilt: Je kleiner in einer Gesprächssituation der mögliche emotionale Interpretationsspielraum ist, desto direkter und sachlicher kann Ihre Sprache sein. Je diffuser die Wirkung des Gesagten ist, je mehr verschiedene Interpretationen möglich sind und je mehr Störungen auftreten können, desto wichtiger sind die Vorüberlegungen zu Inhalt und Form.

Lesen Sie sich die Tipps bitte noch einmal durch unter dem Aspekt „Kopf oder Bauch, rational analytisch oder intuitiv?". Sie werden sehen, dass es eine Mischung aus beidem ist. Gut kommunizieren können wir nur, wenn wir beide Fähigkeiten einsetzen.

Form vor Inhalt

Sie können sagen: „Alles Gute zum Geburtstag." Sie können aber auch einen Blumenstrauß oder eine Flasche Wein kaufen und ein Papierherz mit der Aufschrift „Alles Gute zum Geburtstag" an einer großen Schleife daran befestigen. Der Inhalt ist derselbe, die Form eine andere. Entscheiden Sie selbst, ob die Form den Inhalt mitbestimmt bzw. in der Wirkung verändert. In den meisten Fällen wird die Form mit Geschenk mehr Wirkung zeigen als die rein gesprochene Version.

Ich kann zu meiner Kollegin sagen: „Du kennst dich im Eventmarketing aber nicht gut aus. Informiere dich doch bitte darüber, damit wir neue Ideen einbringen können." Oder ich überreiche ihr ein Buch zum Thema Eventmarketing und sage: „Das Buch hier fand ich total spannend, jede Menge neue Ideen für gutes Eventmarketing. Kann ich dir sehr empfehlen." Gleicher Inhalt, andere Form. Womit könnte meine Kollegin besser klarkommen? Wenn Sie hart im Nehmen ist, funktioniert vielleicht die direkte Ansprache. Wenn ich Sie nicht persönlich treffen, aber ihre Motivation anstacheln will, wird die zweite Version mehr Erfolg haben.

Das sind sehr banale Beispiele, nur um Ihnen eine schnelle Wirkung zu zeigen. Im „echten" Fall sollten Sie erst die hier aufgeführten Tipps berücksichtigen, bevor Sie sich für eine bestimmte Form entscheiden.

Bilder und Geschichten statt Zahlen und Fakten

Fakt ist, dass wir uns Geschichten oder visuelle Darstellungen wie Bilder besser merken können als Zahlen und schriftliche Informationen. Unser Gehirn kann sie einfach besser verarbeiten und abspeichern, unser Erfahrungswissen verfügt also in erster Linie über bildliche Darstellungen. Deswegen ist es schlau, mit ebensolchen zu arbeiten, wenn Sie an den intuitiven Erfahrungsschatz Ihres Gegenübers anknüpfen wollen, um eine Botschaft richtig zu platzieren und eine bestimmte Wirkung zu erzielen.

Das klingt nach Manipulation? Ist es auch. Aber prinzipiell eine ohne schlechte Beweggründe. Sie ziehen sich doch auch entsprechend an, wenn Sie zu einem Date oder einem gesellschaftlichen Event gehen, um sich in optimaler Weise darzustellen. Dasselbe machen Sie mit Ihrer Botschaft. Sie geben ihr das richtige Outfit, machen sie „hübsch“ und damit für den Empfänger einfacher zu verarbeiten.

Beispiel: Präsentation

Es hat sich als normal eingebürgert, dass wir im Business nur noch mit PowerPoint präsentieren: folienweise Buchstaben und mehr oder weniger sinnvolle Grafiken. Wer weiß, dass Bilder mehr sagen als tausend Worte, kann sofort damit aufhören und die Form umstellen. Weniger Text, mehr Bilder, mehr Geschichten.

Vielleicht können Sie sogar ganz auf Computer und Beamer verzichten, was viele peinliche Präsentationsstarts vermeiden würde, und suchen sich eine Methode „von früher", als man noch mit großen Bildern, Drucken, Tafeln, Modellen und so weiter gearbeitet hat. Das Ganze muss natürlich zur Anzahl der Zuhörer passen. In einem Saal mit 200 Personen werden Sie mit 10-mal-15-Fotoabzügen nicht weit kommen. Im kleinen Kreis können Sie es testen. Bereiten Sie haptische Materialien vor wie Bilder, die Sie auf Karton aufkleben, Produkte, vielleicht ein Modell, Zeitschriften, Bücher und dergleichen.

Manche Präsentatoren und Redner gehen noch weiter und verlassen sich ganz auf ihre Person und ihre individuelle Wirkung. Sie sprechen einfach frei ohne jedes Hilfsmittel außer ihrer Stimme, ihrer Mimik und Gestik, ihren persönlichen Erfahrungen verpackt in merkfähige Geschichten und der Nähe zum Publikum.

Dadurch, dass die Mehrzahl klassische Folienschlachten betreibt, werden Sie automatisch auffallen, wenn Sie andere Wege gehen. Trauen Sie sich, vertrauen Sie auf sich und das Unterbewusstsein Ihrer Zuhörer. Dieser Mut kann dann manchmal geradezu Flügel verleihen.

Emotionalisierung von Fakten

Haben Sie neuerdings einmal ein Produktionswerk besucht, um sich anzusehen, wie zum Beispiel Autos, Bier oder Mikrochips hergestellt werden? Wenn nicht, tun Sie es einmal, um zu sehen, welche Veränderungen sich in diesem Bereich in den letzten Jahren vollzogen haben. Lief man zu Anfangszeiten von „Besucherführungen" im Pulk hinter einem Ingenieur her, der meist „freiwillig dazu bestimmt" worden war, den Fremdenführer zu mimen, blickte man da und dort auf irgendwelche Maschinen, die irgendwelche Produkte hervorbrachten, erhielt eine Menge nützlicher technischer Informationen und beeindruckender Zahlen, so konkurrieren die Besucherwege von heute beinahe mit Disneyland. Es sind Erlebniswelten, die den Laien für das Thema Produktion begeistern wollen. Die meisten Firmen, die Besucherwege anbieten, haben erkannt, dass die Begeisterung nicht überspringt, wenn man den Prozess bis ins letzte Detail technisch erklärt, sondern mit interessanten Geschichten und merkfähigen Bildern unterhält. „Inszenierung von Erlebniswelten" ist die Zauberformel dieses Kommunikationszweiges.

Mit ebendiesem Prinzip lernt es sich auch leichter. Aus „Education" („Erziehung") und „Entertainment" („Unterhaltung") wurde „Edutainment" („unterhaltsame Erziehung") und der Zugang zu den bisherigen Domänen der Linkshirne auch für den interessierten Otto Normalschüler geöffnet. So entstanden zum Beispiel spezielle Science Parcs oder Museen zu Themen wie Mathematik, Physik, Raumfahrt, Chemie, Medizin oder Naturwissenschaften im Allgemeinen, die diese rationalen, für viele drögen, langweiligen und nichtsnutzigen Fächer so spannend machen wie Abenteuerurlaub oder einen guten Science-Fiction-Film.

Apropos: Falls Sie mal nach Gießen kommen, müssen Sie dort unbedingt das „Mathematikum" besuchen, das „erste mathematische Mitmach-Museum der Welt". Seit der Eröffnung im Jahr 2002 ist es das, was man einen Besuchermagneten nennt: mit mehr als 150.000 Besuchern pro Jahr. Unglaublich! Logik zum Anfassen und Erleben. Ein Widerspruch in sich und genau der Weg, der zeigt, wie wichtig der intuitive Umgang mit Fakten und der bewusste Einsatz unseres Unterbewusstseins in unserer heutigen Zeit ist.

Reframing oder durch Worte neue Fakten schaffen

„Reframing" bedeutet so viel wie „Umdeutung" und stammt ursprünglich aus der Familientherapie. Man versucht dabei, einen Gegenstand, eine Person oder eine Handlung in einen anderen Rahmen (englisch „frame") zu stellen und so den Kontext zu verändern. Es ist im Grunde dasselbe Prinzip, das wir schon unter dem Begriff „Perspektivenwechsel" beschrieben haben. Ziel des Ganzen: eine neue Sicht der Dinge durch die veränderten Rahmenbedingungen und daraus neue Erkenntnisse und Lösungen finden.

Schauen Sie sich einmal folgende vier Begriffe an:

- Steuererklärung
- Stützstrümpfe
- Versicherungsvertreter
- Seminar.

Haben Sie beim Lesen der vier Wörter etwas gespürt? Konnten Sie merken, wie die kleinen „Bibliothekarsgehilfen" Ihre unterbewussten Archive durchstöbert haben? Was haben sie gefunden? Unwohlsein? Freude? Begeisterung? Vorurteile? Oder Bilder von Menschen und Gegenständen, die Sie nicht mögen?

Es gibt Begriffe, also nur die rein geschriebenen Wörter, die vollkommene Abneigung auslösen können, obwohl sie faktisch nichts Schlechtes beschreiben. Eine Steuererklärung ist doch ein guter Abschluss eines Geschäftsjahres, wenn man Geld herausbekommt, oder für Steuerberater, die Geld damit verdienen. Viele von uns bekommen Ausschläge am Rücken, wenn sie nur daran denken. Auch Stützstrümpfe können sehr hilfreich sein – und man verspürt beim Gedanken an sie trotzdem irgendwie eine Abneigung. Versicherungsvertreter sind bestimmt keine schlechten Menschen, aber auch keine reinen Sympathieträger, obwohl sie uns doch auch schützen. Wie war die Reaktion bei „Seminar"? Gut? Sie freuen sich schon auf das nächste? Endlich mal etwas Neues und raus aus der Firma? Eine andere mögliche Reaktion wäre: „Nein! Bitte nicht schon wieder ein Seminar! Ich will endlich in Ruhe arbeiten. Und diese Seminarhotels hasse ich wie die Pest."

Manchmal blockiert schon ein einzelnes Wort ganz intuitiv von Anfang an den gesamten Prozess. Das können Sie vermeiden, indem Sie solche Wörter durch andere ersetzen, die die Intuition mag, etwa wie im folgenden Beispiel.

Beispiel: Frag mal Uschi!

Unsere Adress- und Verwaltungssoftware heißt offiziell „Agenturoffice", inoffiziell „Uschi". Auslöser war der Spontanausruf einer Mitarbeiterin: „Uschi, mach kein' Quatsch!", als das System mal wieder „nicht das gemacht hat", was sie wollte. Mit Uschi zu arbeiten bereitet viel mehr Spaß als mit der Datenbank Agenturoffice. „Frag mal Uschi!" ist motivierender als „Schau doch mal in der Datenbank nach!".

Die Datenbank Agenturoffice ist ein seelenloses Funktionstool, mit dem man aus Effizienzgründen arbeiten muss. Uschi ist „eine von uns", die arbeitet bei und mit uns – und wie gut, dass wir sie haben. Was vielleicht im ersten Moment nach reiner Oberflächenkorrektur klingt, ist psychologisch tiefgreifend und enorm wirkungsvoll. „Uschi" bringt in unserem Unterbewusstsein ganz andere Synapsen in Aktion als die „Datenbank Agenturoffice".

Wild Card

Den Begriff „Wild Card" kennen viele sicher aus dem Sport. Er kommt ursprünglich aus der Innovationsforschung und bezeichnet Ereignisse, die niemand vorhersehen konnte, die aber die Welt verändern. Meistens sind das Katastrophen wie die vom 11. September 2001, ein Kometeneinschlag, Flutwellen oder ein Reaktorunglück wie Tschernobyl. Mit „Wild Card" werden auch Situationen bezeichnet, in denen Menschen Dinge tun, die für andere völlig unvorstellbar und damit der Zeit meist voraus sind. Wenn zum Beispiel Thomas Alva Edison über Licht aus Glaskörpern auf Knopfdruck nachdenkt, während sein Nachbar im Dunkeln bei Kerzenschein sitzt und das als gegeben und unveränderlich hinnimmt.

Beispiel: Wild Card

Statt unseren Mitarbeitern zu sagen, Sie dürften immer und überall kreativ sein, alle Regeln infrage stellen und gern spinnen, was das Zeug hält, um neue Ideen zu entwickeln, haben wir jedem Mitarbeiter eine eigene Wild Card überreicht. Wir haben den theoretischen Begriff visualisiert in Form einer Visitenkarte in ansprechender Optik mit Bild, selbstgewählter Jobbezeichnung und der Aufschrift: Lizenz zum Spinnen. Zu wissen, dass man kreativ sein soll und darf, ist das eine, eine offizielle Legitimierung in Form der Wild Card dafür zu haben, hat einen viel tiefer gehenden, unterbewusst besseren Effekt.

Inszenieren statt informieren

Wann waren Sie das letzte Mal im Kino, im Theater oder in der Oper? Sicher ist Ihnen der Begriff „Dramaturgie“ bekannt? Es ist die Kunst, einen Spannungsbogen aufzubauen, einen Hergang oder ein Geschehnis bewusst zu inszenieren mit einem erklärenden, einstimmenden Anfang, der Versprechungen auf das Kommende macht, über einen Mittelteil, der Fragen aufwirft und Spannung aufbaut, zum Höhepunkt. Die Kurve steigt kontinuierlich an, bis es kaum noch auszuhalten ist. Dann kommt die Auflösung und Erlösung des Publikums mit heiterem, tragischem oder wie auch immer gewolltem Ausgang.

Dieser Spannungsbogen ist die Grundlage jeder Erzählung, jedes Buches, jedes guten Events und auch guter, bewusster Kommunikation. Spürbar, wenn wir jemandem gegenübersitzen, der phantastisch erzählen kann, und wir gebannt an seinen Lippen hängen.

Schummeln erlaubt

Kommen wir noch einmal auf das Beispiel von Herrn Schulze zurück, der „kein gutes Gefühl“ hatte und sich gegen die Vertragsunterzeichnung ausgesprochen hat. Seine Entscheidung stand fest, er wusste intuitiv, was zu tun ist. Er hat dies einmal unsicher und einmal überzeugt vorgetragen – mit unterschiedlichen Ergebnissen. Doch beide Male zeigt die Reaktion seines Chefs und der Kollegen eindeutig, dass er nicht die optimale Kommunikationsform für seine Entscheidung gewählt hatte.

Bei einer vorherigen Analyse hätte Schulze herausfinden können, dass sein Chef Fakten braucht, auch wenn es keine gibt. Dass er nicht der Einzige mit einem schlechten Gefühl ist und selbst die Befürworter noch an einigen Stellen Zweifel hegen. Und dass es in der Geschichte des Unternehmens bereits zwei Vorgänger gab, die sich bewusst gegen eine Expansion und den asiatischen Markt ausgesprochen hatten. Er wäre vielleicht zu der Einsicht gekommen, dass sein Chef jede Form von Kritik hasst, vor allem vor versammelter Mannschaft. Vielleicht hätte Schulze auch mit mehr Beobachtung im Vorfeld gemerkt, dass der Chef besonders Frau Winter aus der Entwicklungsabteilung vertraut, die bereits für viele der Produkterfolge verantwortlich zeichnet.

Wenn Herr Schulze also will, dass seine Intuition zum Tragen kommt, dann sollte er sich kommunikativ smart verhalten, ein bisschen Schummeln inklusive. Was könnte er verbessern?

- Er überlegt sich zu seinem Bauchgefühl rationale Argumente, die seinen Chef zum Nachdenken bringen.
- Er versucht, sein Bauchgefühl mit den Zweifeln der anderen zu begründen und deren Argumente zu nutzen.
- Er sucht das Gespräch mit seinem Chef unter vier Augen anstatt in der großen Runde und bereitet sich entsprechend vor.
- Er lässt sich sein vages Bauchgefühl von Frau Winter „erklären", die vielleicht Sachinformationen und Argumente hat, die bei der weiteren Argumentation nützlich sein können.
- Er entwickelt ein Szenario in Form einer emotionalen Geschichte. Was wäre zum Beispiel passiert, wenn sich schon Herr XY im Jahr 1970 zur Expansion entschlossen hätte? Oder wie sähe unser Weg aus, wenn wir uns heute dagegen entschieden?

Bitte verstehen Sie diese Tipps nicht falsch. Das Gelesene könnte bei einigen vielleicht intuitive Ablehnung hervorrufen, wenn sie andere kommunikative Erfahrungen gemacht haben.

Herr Schulze bleibt Herr Schulze, so authentisch wie möglich. Er muss sich nicht verbiegen und kann weiterhin stark auf sein Bauchgefühl vertrauen. Er soll lediglich eine neue Dramaturgie entwickeln, um sein Gefühl so zu kommunizieren, dass es Gehör, Verständnis und letztlich Zustimmung findet.

Übung 1: Testen Sie Ihre Intuition beim Argumentieren

So könnten Sie sich zum Beispiel auf die nächste Präsentation vorbereiten, wenn Ihre intuitive Entscheidung bereits steht, Sie aber Widerstand erwarten:

Eine gute Methode ist die in der Rhetorik angewandte 5-Satz-Technik, in diesem Fall der dialektische 5-Satz, bei dem Sie die kontroversen Meinungen Ihrer Zuhörer von vornherein bereits mit einbeziehen und bei Bedarf entsprechend (rationale) Gegenargumente zur Hand haben:

1. Nennen Sie die Themenstellung und präzisieren Sie diese: „Liebe Kollegen, letztlich geht es doch um die Frage, wie wir uns für die Zukunft aufstellen, um wettbewerbsfähig zu bleiben ..."
2. Greifen Sie die Gegenargumente direkt auf: „Manche sind der Ansicht, dass es reicht, so weiterzumachen wie bisher. Damit waren wir ja nicht unerfolgreich. Andere wollen unsere bisherige Produktpalette grundlegend überdenken, denn unsere Verkaufszahlen gehen zurück."
3. Stellen Sie die Ansichten der anderen Ihren eigenen gegenüber: „Ich kann Ihre Angst vor der Veränderung nachvollziehen, bin aber trotzdem der Meinung, dass wir mutig sein und schnellstmöglich aktiv werden müssen."
4. Ziehen Sie daraus logische Schlussfolgerungen: „Wenn wir weiterhin wettbewerbsfähig sein wollen, sollten wir Produkt A eliminieren, Produkt B optimieren und eindeutig im Markt platzieren. Zudem müssen wir generell unsere Vertriebsstruktur überdenken."
5. Richten Sie einen Appell an Ihre Zuhörer, der Ihr intuitives Urteil thematisiert, das durch die vorausgegangenen rationalen Argumente bereits „logisch" vorbereitet wurde: „Ich hoffe, ich konnte Ihre Ängste relativieren und Ihnen die Notwendigkeit neuer Lösungen aufzeigen. Lassen Sie uns die Veränderungen A, B und C vornehmen, um auch in Zukunft erfolgreich zu sein."

Tipp: Fragen Sie

Wenn Sie sich nicht sicher sind, ob Sie in einem Gespräch oder Meeting alles richtig verstanden haben, tun Sie nicht so, als ob, sondern fragen Sie nach. Ein Missverständnis am Anfang kann sich im Lauf der Kommunikation immer weiter verstärken und zu einem echten Kommunikationsproblem werden. Geeignete Nachfragemöglichkeiten sind:

- Direkte Frage: „Wenn ich Sie also richtig verstanden haben, dann ..."
- Bitte um Feedback: „Wie sehen Sie das Ganze?" Oder: „Können Sie sich vorstellen, so vorzugehen ...?"
- Zusammenfassung oder Rebriefing, zum Beispiel mündlich: „Ich fasse also noch einmal kurz zusammen, um nichts zu vergessen ..." Oder Sie verfassen ein schriftliches Rebriefing, das die Eckpfeiler des Gesprächs als Zusammenfassung wiedergibt und so eine gute Basis für beide Partner bildet.

Achter Schritt: Intuition als Führungsqualität

„Winston Churchill versprach Blut, Schweiß und Tränen. Und sie folgten ihm. Mahatma Gandhi stand vom Webrahmen auf, sprach leise vom Weg, ging los. Und sie folgten ihm. Henry Ford versprach jede Farbe für sein Modell T, solange es Schwarz war. Und sie kauften. [...] Sie alle und tausend weniger bekannte Führende leisten dasselbe: Sie zeigen zum Horizont, erzählen eine Geschichte und mobilisieren alle durch eine einfache Bewegung – sie gehen voran."

Dieses Zitat aus dem Wirtschaftsmagazin *brand eins* (Mai 2003) von C. P. Seibt beschreibt deutlich, wie schwer es in Worte zu fassen ist, was eine Führungskraft ausmacht?

Auf unserer in einem Brainstorming zusammengestellten Qualitätenliste guter Führungskräfte steht zum Beispiel:

- Menschlichkeit
- Kein Hardliner
- Soziale Kompetenzen
- Guter Umgang mit Menschen
- Ehrlichkeit
- Authentizität
- Begeisterungsfähigkeit
- Hohes fachliches Know-how
- Feingefühl
- Vertrauenswürdigkeit
- Mut
- Visionär
- Verhandlungsstärke
- Veränderungsbereitschaft
- Gutes Zeitmanagement
- Klare Ansagen
- Klare Ziele
- Gute Kommunikation

- Guter Krisenmanager
- Emotionale Intelligenz
- Natürliche Autorität
- Entscheidungsstärke
- Weitsicht
- Echtes Interesse an seinen Mitarbeitern.

Sie könnten die Liste bestimmt noch ergänzen. Anhand der Menge und der Unterschiedlichkeit ist schnell erkennbar, dass Führung schwer sein muss. Und es wird deutlich, dass Führungskräfte ein hohes Maß an emotionalen Fähigkeiten und intuitivem Erfahrungswissen haben müssen, um die an sie gestellten Anforderungen erfüllen zu können. Die wenigsten der genannten Punkte sind rein durch Verstand und Logik zu bewältigen.

Intuition als Schlüsselkompetenz

„Intuition ist eine Schlüsselkompetenz für Führungskräfte", sagt Dr. Markus Hänsel, Psychotherapeut und Unternehmensberater. Hänsel zufolge hat aber nur jede vierte Führungskraft gelernt, mit ihrer Intuition umzugehen. Viele klammern sich immer noch an alles, was man zählen, bewerten, beweisen und klar verargumentieren kann. Was der Bauch einem so zuflüstert, wird zwar gehört, aber in vielen Fällen nicht als gleichwertige Entscheidungshilfe akzeptiert. Wie Hänsel es beschreibt, bräuchten viele Führungskräfte ein „Legitimationsgerüst aus Argumenten", um vor ihren Mitarbeitern oder Vorgesetzten nicht das Gesicht zu verlieren.

Cornelia Betsch, Psychologin an der Universität von Heidelberg, hat ähnliche Erfahrungen gemacht. Bevor sich Manager offen zu ihren unterbewussten Erkenntnissen und ihrem Bauchgefühl bekennen, würden sie eher viel Geld ausgeben und eine Unternehmensberatung engagieren. „Die sollen dann im Nachhinein Gründe für ihre intuitive Entscheidung finden."

Lassen Sie uns diese Behauptung weiterdenken. Kennen Sie eine größere Firma, in der noch kein Unternehmensberater tätig ist oder war? Wir kennen nur wenige bis gar keine. Oder wissen Sie, wie viele Unternehmensberater stellenweise gleichzeitig in einem Betrieb tätig sind?

Das variiert nach unseren Kenntnissen, bei Großeinsätzen können aber durchaus fünf bis 15 Berater zugleich an einem Projekt arbeiten. Wenn das den Grad des Vertrauens unserer Führungskräfte in ihre eigene Intuition widerspiegelt, dann gute Nacht!

Aber es gibt auch andere Führungskräfte, die ganz offen mit Ihrem Bauchgefühl umgehen und es als essenzielle Komponente ihres Erfolges bewerten – zum Beispiel Steve Jobs, Gründer von Apple Computers und der Animationsfirma Pixar Animation Studios, einer der erfolgreichsten Unternehmer unserer Generation, nicht unumstritten, aber immer leidenschaftlich.

Bei einer Rede vor Studenten sagte er: „Ihre Zeit ist begrenzt! Vergeuden Sie nicht Ihre Zeit damit, dass Sie das Leben eines anderen leben. Lassen Sie sich nicht von Dogmen einengen. Dogmen sind das Ergebnis des Denkens anderer Menschen. Lassen Sie nicht zu, dass der Lärm fremder Meinungen Ihre eigene innere Stimme übertönt. Und vor allem haben Sie Mut, Ihrem Herzen und Ihrer Intuition zu folgen."

Ob Sie führen können, bestimmen die anderen

„Kompetentes Führen setzt eine authentische Persönlichkeit voraus", sagen Rob Goffee, Professor an der London Business School, und Gareth Jones, der an der Insead, einer der weltweit renommiertesten Business Schools in Frankreich und Singapur lehrt. „Authentisch" bedeutet „echt, glaubwürdig, ehrlich, aufrichtig, integer".

Das alles sind Wesensmerkmale, die man sich nicht selbst auf die To-do-Liste für die nächste Woche schreiben und Stück für Stück erwerben kann. Ob ein Mensch authentisch ist, bestimmen die anderen aufgrund ihrer persönlichen Erfahrungen mit der Person und der daraus resultierenden Einschätzung.

„Vertrauen ist der Anfang von allem", sagte die Deutsche Bank in einer ihrer Werbekampagnen, nachdem sich 1994 deren damaliger Vorstandssprecher Hilmar Kopper mit seiner „Peanuts"-Äußerung 1994 den Zorn der Menschen zugezogen und das Vertrauen in die Bank ziemlich erschüttert hatte. „Peanuts" stand für die Schadenssumme von schlappen 50 Millionen DM, die der Deutschen Bank aus der Schneider-Immobilienpleite entstanden ist.
Solche und ähnlich unkluge Äußerungen aus dem Kreis der deutschen Führungselite, Skandale, Betrug, Bereicherung oder Steuerhinterziehung sind schuld daran, dass das öffentliche Vertrauen in Manager

und das Vertrauen der Mitarbeiter in ihre Vorgesetzten und Firmenlenker gestört ist. Zum Leidwesen all derer – und das ist wohl die Mehrheit –, die sich nichts zuschulden haben kommen lassen. Man traut sich ja kaum noch, laut zu sagen, dass man Manager bei Siemens oder VW ist …

Was ist Vertrauen? Der Anfang von allem? In jedem Fall ein Gefühl, und zwar ein wohliges. Eines, bei dem man bereit ist, innerlich Ja zu sagen, von sich etwas her und sich selbst in die Obhut eines anderen zu geben. Es ist ein Gefühl von Sicherheit, ein Ast, an den man sich gern klammert. Und ein Grund, jemandem zu folgen, wenn er sagt: „Hier geht's lang. Alle mir nach."

Vertrauen bedeutet nicht, dass sich alle lieb haben und auf Kuschelkurs gehen. Es ist die notwendige Basis, damit sich Menschen so unvoreingenommen wie möglich verstehen können, in der Lage sind, miteinander zu kommunizieren und sich auf eine gemeinsame Vorgehensweise zu einigen. Gerade in Zeiten großer Unsicherheit und Sprachverwirrung kommt den Führungskräften die Aufgabe zu, Halt zu geben und eine auf Vertrauen begründete, wohlwollende und zukunftsorientierte Ausgangsbasis zu schaffen.

Wer führen will, muss fühlen

Wer führen will, tut dies nicht im luftleeren Raum ohne Regulativ. Er braucht jemanden, den er führen kann. Und mit diesem Gegenüber muss er sich auseinandersetzen, um zu verstehen, wer das ist, wie sie oder er funktionieren und an welchen Punkten die Führung ansetzen und wirken kann.

Das sind keine neuen Weisheiten. Es ist aber immer wieder erstaunlich, dass es trotzdem Führungskräfte gibt, die immer noch versuchen, ihre Mitarbeiter ausschließlich mithilfe von Excel-Tabellen, Zielvereinbarung mit Zielerfüllungsgrad nach In- und Output, Return on Investment oder ähnlichen Messkriterien zu führen. Ein persönliches informelles Gespräch gliche hier einer revolutionären Maßnahme.

Erfolgreiche Führung setzt aber ein echtes Interesse an der zu führenden Mannschaft voraus. Das erfordert Mut zum Körperkontakt und die direkte Auseinandersetzung mit allem, was „menschelt". Es braucht Menschenkenntnis, emotionale Intelligenz und den Einsatz der Intuition. Wer führen will, muss fühlen und auf seinen Bauch hören. Dafür gibt es leider wenige Standardlösungen, aber die reelle

Chance, von seinen Mitarbeitern als authentisch wahrgenommen und als Führungskraft respektiert und akzeptiert zu werden.

Der amerikanische Psychologe Gary Klein beschäftigt sich schon seit den 1980er-Jahren mit dem Thema Intuition und Arbeitswelt. Er rät Unternehmen, ihre Mitarbeiter in die Lage zu versetzen, dass sie ihre Intuition aktiv nutzen und dadurch richtige Entscheidungen treffen können. Dazu müsste man zuerst diejenigen herausfiltern, die Experten auf den für das Unternehmen relevanten Gebieten sind, und deren Wissen für andere nutzbar machen. Andere Mitarbeiter sollen erkennen, welche Muster hinter den intuitiven Entscheidungen liegen, um diese selbst zu nutzen und danach zu handeln.

Für Klein ist es wichtig, dass die Mitarbeiter nicht nur fachlich in Bezug auf Prozesse oder Produkte und Leistungen der Firma trainiert werden, sondern auch Fortbildungsmaßnahmen hinsichtlich ihrer Wahrnehmung und des Reflektierens intuitiver Abläufe angeboten bekommen.

Was Führungskräften hilft, auf Ihre Intuition zu bauen

Die Intuition nährt sich aus Erfahrungen. Die Herausforderung für Führungskräfte ist, ganzheitliche Erfahrungen zu machen, das heißt aus allen Bereichen des Lebens und Arbeitens. Je vielfältiger die Quellen des Erlebens und Lernens sind, umso vielfältiger das Erfahrungswissen, auf das Ihr Unterbewusstsein und Ihre Intuition zurückgreifen können.

Tipp: Probieren Sie Neues aus

Gönnen Sie sich von Zeit zu Zeit Aktivitäten, die spontan betrachtet gar nicht zu Ihnen passen.

- Haben Sie schon einmal ein Kaffeeseminar besucht oder Scribbeln gelernt?
- Wann waren Sie das letzte Mal in einem Zeichentrickfilm? Oder auf einem Konzert?
- Kennen Sie die Museen in Ihrer Nähe?
- Wie wäre es mit einem Städtetrip in eine Ihnen unbekannte Metropole?
- Oder einem Spieleabend mit Freunden?

Üben Sie sich im Umgang mit Menschen

Suchen Sie die Nähe zu anderen. Besonders Führungskräfte, die allein leben, schränken oftmals Ihren Bekanntenkreis immer mehr ein, ohne dass sie es merken. Zum einen, weil ihnen die Zeit fehlt, Freundschaften zu pflegen, zum anderen, weil sie immer seltener neue Menschen kennenlernen bzw. wahrnehmen.

Die einfachste Möglichkeit, andere zu verstehen und sein eigenes intuitives Gespür dafür zu schulen, ist der Umgang mit Menschen. Mit unterschiedlichen. Nicht nur denen, die dasselbe Studium absolviert haben, sondern quer durch alle soziale Schichten, Berufe, Kulturkreise oder Altersgruppen.

Und holen Sie sich Feedback ein. Je unverkrampfter und unvoreingenommener Ihr Gegenüber ist, umso wertvoller ist die Rückmeldung für Sie. Wer wenig Anknüpfungspunkte zu Ihrem Umfeld, Ihrem täglichen Tun und Ihrer Erfahrungswelt hat, kann manchmal mehr Lebensweisheiten und Tipps beisteuern als ein Insider mit Tunnelblick.

Knüpfen Sie ein stabiles Netzwerk

Netzwerke sind Plattformen des Austauschs unter Gleichgesinnten. Mithilfe von Netzwerken kommen Sie an neue Informationen, können Ihre Erfahrungen mit denen von anderen vergleichen, miteinander Geschäfte machen oder sich durch gegenseitiges Feedback unterstützen. Zudem geben uns Netzwerke das gute Gefühl, nicht allein auf weiter Flur zu stehen und der Einzige mit komplexen Problemen zu sein.

Wichtig ist, dass Sie sich zum Beispiel ein organisiertes Netzwerk suchen, das zu Ihnen passt, das Themen behandelt, die Sie interessieren, und nützliche Kontakte bringt. In Ihrem persönlichen Netzwerk kommt es in erster Linie darauf an, dass Sie Menschen um sich versammeln, die Sie bereichern, inspirieren und Ihnen wohlgesinnt begegnen.

Wie wichtig ist Ihnen das „Netzwerken“? Für die meisten Menschen fällt es unter die Kategorie „Wichtig und nicht dringend“. Das ist eine der vier Grundkategorien von Stephen Covey, Bestsellerautor und Trainer, in Bezug auf Zeitmanagement. Er kennt die folgenden vier Kategorien:

- **Wichtig und dringend** ist alles, was faktisch eilt, zum Beispiel weil es zeitlich limitiert ist, wie Angebote bis zum ..., Ausschreibungen, Reklamationen, Notfälle, bestimmte Telefonate, Buchungsbestätigungen und so weiter. Wer die meisten seiner Aktivitäten bei „Wichtig und dringend" einsortiert, ist im Dauerstress und wird oft von seinen „To do-Listen" durch den Tag gehetzt.
- **Wichtig und nicht dringend** sind diejenigen Aktivitäten, die sich auf die Zukunft richten und die Sie selbst aktiv steuern können, zum Beispiel Beziehungspflege, das Erforschen neuer Marktchancen, Umstrukturierungsmaßnahmen, Ideen zu Innovationen machen und so weiter. Wer die Zukunft im Auge hat und sich mit dem großen Ganzen beschäftigt, beispielsweise Manager, der sollte dic Mchrzahl sciner Aktivitäten in diesem Zeitsegment haben.
- **Unwichtig und dringend** sind zum Beispiel Störungen durch Telefonverkäufer, die alles andere als wichtig sind, sich aber als dringend kurzzeitig an Ihr Ohr und die erste Stelle Ihres Tuns schieben.
- **Unwichtig und nicht dringend** können Sie sofort in die Rundablage P wie Papierkorb befördern. Das sind zum Beispiel Informationen, die Sie aktuell gar nicht benötigen und deren Ablage aufwendiger wäre als die gezielte Neusuche im Fall der Fälle.

Beziehungsaufbau und -pflege bewegen sich in der Kategorie „Wichtig und nicht dringend", wie die Netzwerkspezialistin Monika Scheddin untersucht hat. Die Gefahr bei Angelegenheiten, die nicht lebensnotwendig oder zumindest nicht sehr dringend sind, ist, dass sie immer erst an zweiter Stelle rangieren: Zuerst das Fax, das muss raus, dann das Gespräch mit dem Mitarbeiter, der irgendetwas auf dem Herzen hat und schon seit Tagen so unruhig um Ihren Tisch schleicht. Zuerst die Flüge buchen und dann überlegen, wer eigentlich sinnvollerweise zu diesem sensiblen Meeting mitgenommen werden soll. Zuerst noch Kaffee und Milch nachbestellen, sonst gibt's in der Chefetage Versorgungsengpässe, und dann den Streit in der Vertriebsabteilung schlichten.

Das Schöne an den meisten „dringenden" Angelegenheiten ist, dass man sie relativ schnell erledigt, sofort ein Erfolgserlebnis hat und dann von seiner Liste streichen kann. Termin bestätigt, Flüge gebucht, zack, weg, Nächster! Hier arbeitet unser Hirn nach Takt und Auftrag, große emotionale Beteiligung ist weder erwünscht noch notwendig.

Bei „Wichtig und nicht dringend" hingegen finden sich Tätigkeiten, die man gar nicht so leicht auf seine To do-Liste schreiben kann. Haben Sie schon einmal Punkte auf Ihrer Liste notiert wie „Streit in der Vertriebsabteilung schlichten", „Führungsstil überdenken", „stärker netzwerken" oder „Beate motivieren nicht vergessen"? Interessanterweise stehen auf den Listen die eher linkshirnigen Angelegenheiten, die klaren Ansagen und Aufträge mit schnell messbarem Erfolg. Unterrepräsentiert sind dagegen Tätigkeiten, bei denen Bauch und Kopf gleichermaßen gefragt sind und wir mehr Zeit bräuchten, um Umstände und Stimmungen wahrzunehmen und unser unterbewusstes Erfahrungswissen einfließen zu lassen.

Übung 1: Prüfen Sie Ihre aktuelle To-do-Liste

Stehen dort auch Aufgaben, die in die Kategorie „Wichtig und nicht dringend" gehören? Schreiben Sie spontan eine neue Liste mit all den Botschaften, die Ihnen Ihr Bauch gerade zuflüstert, die dringend angegangen und bearbeitet werden müssten.

Machen Sie auch intuitive To-do's formell, das heißt in dem Fall als geschriebener Punkt auf der Liste, zu wichtigen und dringenden Angelegenheiten.

Hören Sie auf das Kind in sich

Keine Angst. Ein kleiner Witz, ausgelassenes Lachen und eine spielerische Herangehensweise haben noch keiner Autorität geschadet. Ganz im Gegenteil. Neugierde ist ein guter Treiber und eine Quelle interessanter Erfahrungen. Ebenso das Spiel, das sich unter anderem auch gut als Simulationshilfe für Situationen eignet, in denen der Verstand an seine Grenzen kommt. Anstelle der hundertsten Ablaufskizze bringen sie zum nächsten Meeting doch einmal eine Kiste Lego oder ein paar Playmobil-Männchen mit, die die Situation vor- bzw. nachspielen.

Beweisen Sie Ihre Bauchkompetenz

Gleich, um welches Thema es geht, solange man keine Erfolge vorweisen kann, bleibt das Ganze in der Theorie stecken. Beweisen Sie Ihre Bauchkompetenz, zeigen Sie, was in Ihnen steckt und wie gut es ist, sich auch in Businessfragen auf seine Intuition zu verlassen. Sorgen Sie für Erfolge. Am besten, Sie fangen klein an und üben auf nicht allzu unsicherem Boden. Nehmen Sie Ihre innere Stimme wahr, checken Sie die Fakten und entscheiden Sie dann intuitiv. Steigern Sie sich sukzessive. Auch Fehler sind Erfolge, wenn Sie daraus lernen. Kommunizieren Sie offen, machen Sie Selbst-PR, „promoten“ Sie Ihre Erfolge und lassen Sie andere daran teilhaben.

Und das Beste zum Schluss des Kapitels: Es gibt keinen richtigen oder falschen Führungsstil, nur einen nachvollziehbaren.

Neunter Schritt: Intuitionsplan für eine Woche

Wenn Sie Fitnesstraining machen, Klavier oder ein anderes Instrument ernsthaft spielen oder bestimmte Sportarten professionell betreiben, dann wissen Sie, dass nur Übung den Meister macht. Das gilt auch für die Intuition.

Das Prinzip des Trainings ist dasselbe wie im Sport oder in der Musik: Sie starten langsam, lernen die Grundbegriffe, steigern die Anforderungen, werden zum Fortgeschrittenen, steigern sich wieder, die Aufgaben und Übungen werden noch schwieriger und Sie üben, üben und üben weiter. So werden Sie immer besser, routinierter und trainieren dann weiter, um das hohe Niveau zu halten oder noch besser zu werden.

Wir fangen mit unseren Intuitionsübungen erst einmal klein an und haben Ihnen hier einen Einsteigerplan für eine Woche zusammengestellt, den Sie natürlich, sooft Sie möchten, Woche für Woche wiederholen und steigern können, bis Sie ein Intuitions-Champ sind.

Ziel des Intuitionstrainings ist es, einen bewussten Zugang zu Ihrem unterbewussten Erfahrungswissen zu bekommen und Mut zu entwickeln, dass Sie Ihr Bauchgefühl im Business als relevante Entscheidungshilfe akzeptieren und einsetzen.
Wir beginnen langsam. Erst einmal aufwärmen, die Nervenstränge dehnen, die Synapsen nach und nach „anknipsen“.

Tag 1: Montag

Übungseinheit heute: Beobachten und Wahrnehmung schulen
Der Wecker klingelt und Sie stellen alle Antennen auf Empfang. Heute sollen Sie alles genau registrieren.
Die folgenden Schritte sind alle optional: Nehmen Sie sich am besten ein kleines Notizheft und halten Sie die Augen auf. Machen Sie alles weiterhin genau so wie gewohnt, nur mit sehr offenen Marsmännchenaugen und ausgefahrenen Antennen. Schauen Sie sich genau um:

- Was haben die Menschen an, die Sie sehen?
- Was gibt es für Geschäfte auf dem Weg von zu Hause an den Arbeitsplatz?
- Zählen Sie Hunde und Katzen.

- Gibt es Pflanzen? Welche? Nadelbäume, Laubbäume?
- Wie heißen die Straßen, die Sie nutzen, oder die Bus-, U-Bahn-Haltestellen und Bahnhöfe, an denen Sie vorbeifahren?
- Was essen und trinken Sie den ganzen Tag?
- Was essen und trinken die anderen in Ihrem Umfeld?
- Mit wem sprechen Sie?
- Wie heißen die Menschen, mit denen Sie sprechen?
- Geht es Ihrem Kollegen/Ihrer Kollegin heute gut?
- Wo ist Ihr(e) Chef(in)? Wie geht es ihr/ihm?
- Hängen eigentlich Bilder in Ihrem Büro?
- Wie oft stehen Sie am Tag von Ihrem Stuhl auf?
- Wie viele Schritte gehen Sie am Tag? (Am besten besorgen Sie sich einen mechanischen Schrittzähler.)
- Können Sie Ihren Job noch so gut machen wie gestern, wenn Sie Schritte zählen oder Menschen beobachten?

Seien Sie aufmerksam und schulen Sie bewusst Ihre Wahrnehmung. Verabreden Sie sich abends mit guten Freunden, erzählen Sie Ihnen von Ihrer Übungswoche und Ihren heutigen Beobachtungen. Gehen Sie möglichst früh schlafen.

Tag 2: Dienstag

Übungseinheit heute: Wahrnehmung und Kommunikation schulen
Suchen Sie sich aus Ihren Notizen von gestern drei Punkte heraus, die besonders interessant für Sie waren bzw. die Sie noch nicht zur Genüge beobachtet haben, und konzentrieren Sie sich heute speziell auf diese Punkte. Beobachten Sie noch genauer und schreiben Sie auf, was Sie wahrnehmen.

Kommunizieren Sie bewusst. Gibt es heute eine Gesprächssituation, die irgendwie seltsam war, bei der Sie ein komisches Gefühl in der Magengegend hatten? Versuchen Sie, dem intuitiven Impuls nachzugehen, und analysieren Sie das Gespräch nach den möglichen Störungen (ab Seite 149).

Tag 3: Mittwoch

Übungseinheit heute: Entscheiden für Einsteiger

Führen Sie eine Strichliste Ihrer heutigen Entscheidungen. Legen Sie dazu ein Blatt mit zwei Spalten an. Überschrift: „Entscheidungen heute“, Spalte links: „Rational“, Spalte rechts: „Intuitiv“. Machen Sie den Strich jeweils in die Spalte, deren Beweggrund ausschlaggebend für die Entscheidung war: schnell aus dem Bauch oder überlegte „Hirnangelegenheit“? Wenn Sie zögern und nicht wissen, wo Sie den Strich machen sollen, schreiben Sie die Situation in Worten auf ein separates Blatt.

Am Ende des Tages ziehen Sie Bilanz. Wie viele Entscheidungssituationen haben Sie bewältigt? Wie viele davon rational, wie viele aus dem Bauch heraus? Schauen Sie sich dann die Situationen an, bei denen Sie sich nicht entscheiden konnten. Wählen Sie spontan eine davon aus und analysieren Sie diese.

Tag 4: Donnerstag

Übungseinheit heute: Erfahrungen sammeln

Treten Sie aus Ihrem Alltagstrott heraus und sammeln Sie neue Erfahrungen durch neue Wege oder Situationen.

Verabreden Sie sich mit einem Freund oder einer Freundin, die Sie schon länger nicht mehr gesehen haben. Nehmen Sie einen anderen Weg von der Arbeit nach Hause und entdecken so andere Straßen und Geschäfte. Fragen Sie Ihre Bekannten und Kollegen nach ihren Hobbys und Spleens und testen Sie das eine oder andere aus, auch wenn es Ihnen auf den ersten Blick vielleicht nicht liegt.

Tag 5: Freitag

Übungseinheit heute: Mutig „bauchreden“

Sagen Sie am Vormittag alles genau so, wie es Ihnen in den Kopf bzw. vom Bauch intuitiv auf die Zunge schießt. Es geht nicht darum, zu provozieren, sondern Reaktionen zu testen, und zwar die der anderen und Ihre eigenen:

- Was kommt intuitiv aus Ihrem Mund?
- Wie haben die anderen reagiert?
- Wie war Ihnen zumute?

Halten Sie am Nachmittag den Spontansprechreiz zum „Bauchreden“ zurück und antworten Sie immer erst nach einer gewissen Bedenkzeit. Wenn Sie einen intuitiven Reiz verspüren, unterdrücken Sie ihn, denken Sie nach, was die beste Reaktion wäre, und handeln Sie erst dann.

- Welche Unterschiede stellen Sie fest?
- Wie haben die anderen reagiert?
- Wie war Ihnen zumute?

Überlegen Sie, ob es heute Situationen gab, in denen die intuitive Reaktion klar von Vorteil war bzw. die Entscheidung auf Verstandesebene.

Tag 6: Samstag

Übungseinheit heute: Perspektivenwechsel
Suchen Sie sich für heute Ihren persönlichen Superhelden und schlüpfen Sie in dessen Rolle. Tun Sie zum Beispiel so, als wären Sie Supermann, und erleben Sie den Tag aus seiner Perspektive. Wie exzessiv Sie das betreiben, hängt ganz von Ihrem persönlichen Mut ab:

- Wie würde Supermann den Tag planen?
- Was würde er unternehmen?
- Wen trifft er?
- Was isst er?
- Was hat er an?
- Wo und wie lebt er?
- Wie plant er seine Zukunft?
- Was könnte er für diese Stadt Gutes tun?
- Was macht er abends?

Tag 7: Sonntag

Am siebten Tag sollten Sie auf Ihren Bauch hören, sich ausruhen und neue Kraft sammeln.

Literatur

Alder, Harry (1995): „Manager mit Intuition. Entdecken Sie das Potential Ihrer rechten Gehirnhälfte“, Campus, Frankfurt, New York.

Brizendine, Louann (2007): „Das weibliche Gehirn. Warum Frauen anders sind als Männer“, Hoffmann und Campe, Hamburg.

Durgananda, Swami (06/2001): „Unterbewusstsein und Intuition“, *Yoga Aktuell*, Heft 8, 06/07 2001, Seite 24 ff.

Gigerenzer, Gerd (2007): „Bauchentscheidungen, Die Intelligenz des Unterbewussten und die Macht der Intuition“, C. Bertelsmann, München.

Goffee, Rob, Jones, Gareth (03/2006): „Führen mit Charakter“, *Harvard Business Manager*, März 2006, Seite 58 ff.

Gramm, Christof (2005): „Argumentieren. So behalten Sie in Diskussionen die Oberhand“, Haufe, Planegg.

Kast, Bas (2007): „Wie der Bauch dem Kopf beim Denken hilft. Die Kraft der Intuition“, S. Fischer, Frankfurt.

Krelhaus, Lisa (2004/06): „Wer bin ich – wer will ich sein?“, mvg, Redline, Heidelberg.

Luczak, Hania (11/2000): „Das „Zweite Gehirn“, Signale aus dem Reich der Mitte“, *GEO Magazin*, Nr. 11, 11/2000, Seite 136 ff.

Meyer-Grashorn, Anke (2004): „Spinnen ist Pflicht. Querdenken und Neues schaffen“, mvg, München.

Müller-Kainz, Dr. Elfrida, Sönning, Christine (2003): „Die Kraft der intuitiven Intelligenz. Der Schlüssel zu Ihrem Lebenserfolg“, Knaur, München.

Roethlisberger, Linda (2006): „Intuition ist erlernbar. Nutzen Sie die spirituelle Kraft im Alltag“, Kailash, München.

Scheddin, Monika (2003): „Erfolgsstrategie Networking“, Bildung und Wissen Verlag, Nürnberg.

Seibt, C. P. (04/2003): „Schwerpunkt Führung: Richtung, Geschichte und Bewegung“, *brand eins Wirtschaftsmagazin*, 5. Jahrgang, Heft 04, Mai 2003, Seite 78 ff.

Siefer, Werner, Miltner, Frank (07/2007): „Mal Intuition, mal Strategie“, *Focus*, Thema Psychologie, Seite 64 ff.

Storch, Maja (2005): „Das Geheimnis kluger Entscheidungen“, Goldmann, München.

Tanner Pascale, Richard, Sternin, Jerry (02/2006): „Geheimagenten des Change-Managements“, *Harvard Business Manager*, Februar 2006, Seite 52 ff.

Tepperwein, Kurt, mit Aeschbacher, Felix (2001): „Intuition – die geheimnisvolle Kraft“, mvg Verlag, Landsberg am Lech.

Traufetter, Gerald (2007): „Intuition. Die Weisheit der Gefühle“, Rowohlt, Reinbek.

Weber, Daniel (2007): „Instinktiv falsch“, *NZZ Folio* 09/07, Thema Sicherheit, Verlag NZZ Folio, Zürich.

Zeuch, Andreas (2007): „Management von Nichtwissen in Unternehmen“, Carl-Auer, Heidelberg.

Zeuch, Andreas (2003): „Training professioneller intuitiver Selbstregulation, Theorie, Empirie und Praxis“, Verlag Dr. Kovac, Hamburg.

Notizen